LE

ROMANTISME

ET

L'ÉDITEUR RENDUEL

IL A ÉTÉ TIRÉ DE CET OUVRAGE

30 Exemplaires sur papier de Chine numérotés

Pour M. L. CONQUET, LIBRAIRE-ÉDITEUR

3179-96. — CORBEIL. Imprimerie ÉD. CRÉTÉ

Portrait d'Eugène Renduel
Par Auguste de Châtillon (1836).

ADOLPHE JULLIEN

LE ROMANTISME

ET

L'ÉDITEUR RENDUEL

SOUVENIRS ET DOCUMENTS SUR LES ÉCRIVAINS
DE L'ÉCOLE ROMANTIQUE
AVEC LETTRES INÉDITES ADRESSÉES PAR EUX A RENDUEL

OUVRAGE ORNÉ
de cinquante illustrations, portraits, vignettes
caricatures, autographes, etc.

PARIS
LIBRAIRIE CHARPENTIER ET FASQUELLE
EUGÈNE FASQUELLE, ÉDITEUR
11, RUE DE GRENELLE, 11

1897

CE LIVRE

EST DÉDIÉ PAR L'AUTEUR

A LA MÉMOIRE

DES AMIS QUI L'AVAIENT VU NAITRE

ET

LE TRAITAIENT COMME LEUR ENFANT

EUGÈNE RENDUEL

ET

MADAME RENDUEL

—

1896

LE ROMANTISME

ET

L'ÉDITEUR RENDUEL

> Redis-nous cette guerre,
> Les livres faits naguère
> Selon le rituel
> De Renduel.
>
> Théodore de Banville.
> (*Aube romantique.*)

CHAPITRE PREMIER

AU CHATEAU DE BEUVRON EN 1871.

C'était tout à la fin de mars 1871. La Commune était victorieuse à Paris et faisait la chasse aux jeunes gens en état de porter les armes contre l'armée de Versailles ; il fallait décidément quitter la place. Un de mes grands amis et moi, nous parvînmes à filer par le dernier train qui partit librement de la gare de l'Est, et nous trouvâmes abri dans une ferme de la Brie où nous fûmes soignés, nourris, engraissés comme animaux destinés à la foire. A peu près chaque jour, nous faisions trois lieues, aller et retour, pour lire un journal qui nous renseignât sur les opérations militaires; car le canon grondait sans cesse au loin et nous espérions toujours pour le lendemain un résultat décisif. Toutefois, si grande que fût notre impatience de rentrer à Paris, nous menions là grasse vie, marchant beaucoup, mangeant beaucoup, dormant beaucoup, abrégeant la soirée par une folle partie de dominos avec les braves gens qui nous donnaient asile. Un beau matin, trois semaines environ après notre fuite, mon ami, que tourmentait le désir d'administrer une partie de la France, apprit qu'il était nommé conseiller de préfecture. Il courut occuper son poste, et je me vis, quant à moi, dans la nécessité de demeurer seul en pleine campagne, au milieu des paysans, des bêtes et des Prussiens, ou bien de commencer mon tour de France et de chercher un nouvel abri.

« Va chez nos amis Renduel », m'écrivaient mes parents demeurés obstinément dans la capitale. Eh! mon Dieu! je savais bien que j'avais dans la Nièvre, aux environs de Clamecy, de vieux amis qui m'avaient vu naître et qu'on me menait poliment voir quand ils venaient, par hasard, à Paris; mais, que voulez-vous? ils ne me semblaient pas très amusants, mes vieux amis Renduel, et le séjour que j'avais fait avec mes parents à Beuvron, vers ma quatorzième année, avait laissé dans mon esprit un souvenir peu récréatif. Au fond d'un village écarté, sans camarade avec qui jouer, entre ma mère et Mme Renduel qui parlaient de leurs jeunes années, entre mon père et Renduel qui terminaient régulièrement chaque repas par une discussion littéraire, — l'un tenant pour les classiques, l'autre pour les romantiques, — j'avais eu pour unique distraction de monter sur les chevaux quand on les menait à l'abreuvoir, ou d'accompagner Renduel lorsqu'il allait dans les champs surveiller ses journaliers.

M'installer à Beuvron! Vrai, cela ne me souriait guère. Et cependant la lettre de ma mère était si pressante, que je décidai d'aller dire au moins bonjour aux amis de ma famille. Après avoir gagné quelques jours en flânant à Fontainebleau, je me dirigeai sur le Nivernais et débarquai à Clamecy par un magnifique après-midi de printemps. Ni cheval ni voiture à ma disposition; des auberges peu engageantes et toutes remplies de monde; bref, j'entrepris de faire à pied les trois grandes lieues qui me séparaient du village de Beuvron. D'ailleurs, la route était facile à trouver : il suffisait de remonter le cours du Beuvron, petite rivière enserrée dans une étroite vallée et qui vient se jeter dans l'Yonne à Clamecy. A mesure que je traversais un village, que je dépassais un carrefour, un tournant de route, il me semblait rajeunir et tous ces lieux que je n'avais pas vus depuis douze ans pour le moins, j'aurais juré les avoir quittés la veille. Enfin, j'arrive à Beuvron vers sept heures; j'ouvre une barrière à claire-voie qui donnait accès de la place de l'église dans la cour du château, je traverse une poterne qui s'ouvrait sous la tour carrée — plus trace de pont-levis depuis longtemps — et, passant tout droit devant le nez d'une servante ébahie, j'entre brusquement dans la salle à manger où dînaient mes vieux amis. Ils regardèrent tout d'abord avec émoi ce visiteur inattendu,

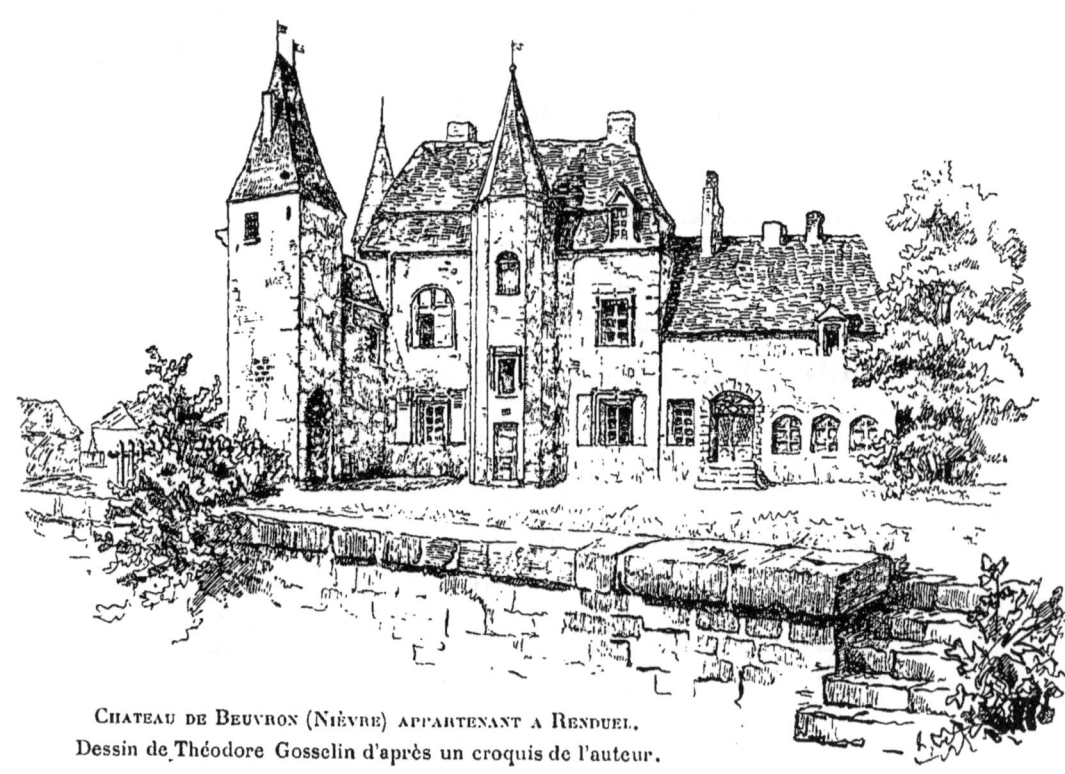

Château de Beuvron (Nièvre) appartenant a Renduel.
Dessin de Théodore Gosselin d'après un croquis de l'auteur.

tout gris de poussière et fait comme un voleur; mais leur surprise ne fut pas longue: « Ah! c'est Adolphe! s'écrie l'une. « Comment! c'est toi, gamin! » dit l'autre de son ton brusque. Et tous deux, mari et femme, m'embrassèrent avec effusion.

J'étais venu pour quatre ou cinq jours, pensais-je, à Beuvron. J'y restai cinq semaines. Certes, mes parents ne s'étaient pas mépris sur l'accueil qui m'attendait là-bas. En voyant de quels soins j'étais entouré, je compris combien j'avais mal répondu jusqu'alors, avec ma légèreté de jeune homme uniquement préoccupé de ce qui l'amuse, à la vieille amitié de mes hôtes; je sentis comment des vieillards retirés du monde, ayant eux-mêmes perdu une fille en bas âge, peuvent vouer une affection quasi paternelle à l'enfant d'anciens amis, qu'ils ont vu naître. Assurément, la vie n'était guère plus gaie à Beuvron en 1871 qu'en 1859: le marché à Clamecy, le samedi; l'assemblée à Brinon-lès-Allemands; quelque course en voiture à Tannay ou à Varzy; mais j'étais tellement choyé, gâté, dorloté, que je m'y plaisais quand même. Et puis il y avait les livres, ces fameux livres qui suscitaient de longues discussions entre mon père et Renduel douze années auparavant ; sitôt que je mis le nez dans cette bibliothèque, je n'arrêtai plus de lire, et je fis connaissance avec toutes ces productions-types du romantisme, avec *Champavert* et *Madame Putiphar*, avec *les Intimes, Une Grossesse* et *Plick et Plock*. J'avais la révélation de tout un nouveau monde littéraire, et je m'y plongeai avec délices. Alors Renduel, heureux de me voir captivé par tous les ouvrages qui avaient rempli sa vie, évoquait peu à peu ses souvenirs, se remémorait une anecdote, une rencontre, ouvrait les tiroirs où il conservait les premières épreuves de ses chères gravures, allait chercher une vieille lettre, un traité jauni, et me mettait sous les yeux ces précieuses reliques du romantisme. Et plus il s'épanchait avec moi, plus je me sentais captivé par ces révélations, par ces exhumations surprenantes ; plus le vieux libraire, alors, apportait de précision dans les faits qui lui revenaient en mémoire, enchanté qu'il était de trouver enfin quelqu'un à qui parler de ses travaux passés. Nos promenades, bientôt, ne furent plus qu'un prétexte à causeries, moi le questionnant toujours, lui me renseignant sans se lasser; le soir même, après dîner, quand certain détail, nouvellement arraché à sa mémoire, ne me semblait pas s'accorder avec un de ses précédents récits ou bien avec le résultat de mes lectures, je ne me gênais nullement pour lui faire part de mon doute et provoquer ainsi de nouvelles confidences. Bref, de ce long séjour à Beuvron date mon initiation au romantisme, à ses doctrines et à ses secrets.

A la fin de mai, lorsque Paris fut livré aux flammes, j'étais dans une famille amie, à Bourges, ayant abandonné la région de Clamecy pour quelques jours. « Reviens près de nous, mon cher enfant, le plus tôt que tu pourras, m'écrivait alors Mme Renduel; car depuis les événements qui se sont accomplis à Paris, il me tarde d'embrasser ceux que j'aime dès qu'il n'y aura aucun danger pour y rentrer. Je pense que mon mari ne mettra pas obstacle à mon désir, surtout si je voyage avec toi... » J'emmenai effectivement Mme Renduel à Paris pour une semaine et cette séparation, si courte qu'elle fût, devait être un grand sacrifice pour Renduel : la plus éclatante marque

Le Maire de la commune de Beuvron, canton de Brinon, département de la Nièvre, invite les autorités civiles et militaires à laisser passer M. Adolphe Jullien, avocat, âgé de 26 ans, rentrant à Paris, accompagné de Madame Renduel.

Fait en mairie à Beuvron le neuf juin 1871.

Le Maire
Renduel

PASSE-PORT ÉCRIT, DATÉ ET SIGNÉ PAR RENDUEL.

d'affection qu'il pût me donner était bien de me laisser ramener sa femme auprès de mes parents, de se priver pendant huit jours des soins auxquels il était habitué et qui devaient soutenir sa santé chancelante encore trois ou quatre ans.

Aujourd'hui tous sont morts, mes parents, mes amis; les choses seules demeurent. Presque tous ces livres, ces autographes, ces traités, ces dessins, ces gravures, ces tableaux sont arrivés entre mes mains, et si je n'ai pas livré plus tôt au public des papiers qui ne changeront rien à l'histoire littéraire de notre temps, j'en conviens, mais qui en éclaireront certains petits côtés amusants, c'est que j'ai voulu, par convenance, attendre au moins que tous les gens dont il devait être ici parlé fussent passés de vie à trépas et même entrés dans l'histoire. Autant il aurait été déplaisant de paraître encenser des personnes vivantes, autant il aurait été peu délicat de jeter une lumière trop crue sur d'autres, mortes d'hier : dans les deux cas, mieux valait différer, et je pense avoir assez reculé la publication de ce travail pour que mes récits ne puissent choquer personne et présentent un caractère impartial... Car mon seul mérite, ici, sera d'être exact en livrant tous les renseignements vrais que je puis avoir sur une période de notre histoire littéraire très rapprochée de nous et déjà bien confuse à nos yeux.

CHAPITRE II

LA CARRIÈRE D'UN ÉDITEUR ROMANTIQUE.

Quelle existence fut jamais mieux remplie que celle de ce petit libraire qui partit de la position la plus humble pour arriver au succès par le travail et la volonté, dont la vie fut intimement mêlée à la période littéraire la plus intéressante du siècle, et qui, inconnu d'abord et ne connaissant personne, sut, en peu d'années, grouper autour de lui toutes les forces vives de la littérature et des arts ! Pierre-Eugène Renduel était né le 23 novembre 1798, au gros village de Lormes, situé sous les montagnes, aux confins des bois du Morvan. Ses parents, de petits bourgeois campagnards, n'avaient que des ressources assez modiques pour élever leur nombreuse famille : aussi, dès que le garçon fut en âge de s'occuper, le placèrent-ils comme clerc chez un notaire de Lormes. Renduel s'attacha à son patron et put bientôt lui prouver, d'éclatante façon, son affection et son dévouement. Lorsque arrivèrent les événements de 1815, le fils de cet officier ministériel, compromis par ses opinions politiques, dut se sauver et se cacha dans les bois du Morvan, aujourd'hui encore si profonds et alors presque impénétrables. C'était Renduel qui, connaissant sa retraite, lui portait ce dont il avait besoin, vivres et vêtements ; quelquefois même, il passait les nuits auprès de lui.

En 1816, il suivit ses parents, qui allaient habiter Clamecy, et entra comme clerc chez un avoué de cette ville. Il travailla dans cette étude jusqu'à l'heure où il fut pris par la conscription ; mais il n'eut pas plus tôt goûté de l'état militaire qu'il en fut las ; il obtint facilement de se faire remplacer en ce temps de paix réparatrice et put aussitôt rentrer dans la vie civile. Il se rendit alors à Paris, où il brûlait de tenter la fortune, et se présenta chez un petit libraire, auquel un ami commun l'avait adressé. Celui-ci, qui n'avait besoin d'aucun commis pour faire son modeste commerce, consentit seulement à l'employer jusqu'au jour où il trouverait une place tant soit peu lucrative. Renduel entra peu après dans une grande librairie, mais découvrit bientôt que l'on n'y usait pas des procédés les plus délicats envers les souscripteurs, alléchés par de magnifiques annonces. Ces façons peu loyales choquèrent vivement la nature honnête et un peu rude du jeune homme, qui sortit aussitôt de cette maison : c'était peu après 1820.

A cette même époque, un ancien militaire, épris des opinions libérales, venait d'installer, rue de la Huchette, une librairie où il voulait publier surtout des ouvrages déplaisant au gouvernement et combattant les idées religieuses en faveur sous la Restauration. Le colonel Touquet obtint alors une réputation éphémère en répandant, au meilleur marché possible, des livres d'opposition politique et religieuse, — entre autres les œuvres de Voltaire et de Rousseau, — auquel l'esprit de parti donna dans l'instant beaucoup de vogue. De cette célébrité passagère, il ne reste aujourd'hui que deux titres inséparables : le *Voltaire-Touquet* et les *Tabatières à la Charte*. Ces dernières, qui se vendaient à bas prix, étaient de simples tabatières sur le couvercle desquelles toute la Charte était reproduite en lettres minuscules, avec figures allégoriques, imprimées en lithographie par Godefroy Engelmann : c'était encore un procédé d'opposition, afin que les priseurs eussent toujours sous les yeux les droits écrits du citoyen français. Les royalistes répondirent à cette manœuvre en faisant fabriquer d'autres tabatières, avec le testament de Louis XVI et le portrait du roi martyr ; mais le succès populaire était acquis et assuré aux *Tabatières-Touquet.*

Renduel entra, en 1821, chez le colonel Touquet, avec les idées duquel ses enthousiasmes de jeune homme s'accordaient sur plus d'un point. Les affaires de la librairie amenaient fréquemment le nouveau commis dans les bureaux de M. Laurens, imprimeur-libraire de la rue du Pot-de-Fer-Saint-Sulpice (aujourd'hui rue Bonaparte, de la rue du Vieux-Colombier à la rue de Vaugirard). Là, il eut occasion de voir plusieurs fois l'une des filles de l'imprimeur, la cadette, et la demanda en mariage : cette union allait se faire, et Renduel devait même succéder à son beau-père, lorsqu'un premier malheur, la mort de Mme Laurens, vint entraver l'accomplissement de ces beaux projets.

Le colonel Touquet avait très bien su profiter de son succès au point de vue commercial; mais sa vogue ne tarda pas à baisser, dès que l'on reconnut que ses éditions, ayant le seul avantage de ne pas coûter cher, étaient fautives et peu soignées. Il en parut de meilleures qui rendirent le débit des siennes presque nul ; et, ses affaires allant de mal en pis, il dut enfin se réfugier en Belgique. Comme la librairie de Touquet commençait à décliner, bien qu'elle se fût transportée dans un quartier plus vivant, à la galerie Vivienne, M. Laurens engagea son futur gendre à faire quelques voyages pour mieux se mettre au courant des affaires. Renduel entra alors chez Hautecœur jeune, dont la librairie était située rue de Grenelle-Saint-Honoré (aujourd'hui rue J.-J. Rousseau, de la rue

Mlle C. Laurens (Mme Renduel)
D'après une miniature de Chaponnier (1823).

Saint-Honoré à la rue Coquillière) ; il espérait bientôt se marier et s'établir, mais il comptait sans les intrigues de gens qui avaient intérêt à ce que l'imprimerie passât en d'autres mains que les siennes. Il en arriva comme ceux-ci voulaient : M. Laurens transmit son brevet d'imprimeur à Honoré de Balzac. Ce nouveau contretemps ne devait pas arrêter Renduel, qui persista dans ses vues et finit par l'emporter : Mlle Laurens devint Mme Renduel (1).

A partir de ce moment, Renduel redoubla de zèle, pour mettre un peu d'aisance dans son ménage, et il fut vaillamment secondé par sa femme, qui, en digne fille d'imprimeur, lisait et corrigeait tous les ouvrages en cours d'impression. Grâce à leur activité commune, à leur ardeur au travail, ils purent élever peu à peu leur librairie au

---

(1) Mme Renduel, qui survécut treize ans à son mari et mourut au château de Beuvron le 14 juillet 1887, à près de quatre-vingt-six ans, était née à Paris le 21 septembre 1801, au n° 211 de la rue d'Argenteuil, où son père avait alors sa maison d'imprimerie. Mlle Rose-Célestine Laurens de Pérignac (son père avait abandonné ce second nom pendant la Révolution et ne l'avait jamais repris) était la plus jeune des enfants de l'imprimeur et remarquablement jolie ; malgré les rides qui sillonnaient son visage, on retrouvait en elle, jusqu'à l'âge le plus avancé, des traces de sa rare beauté.

premier rang. C'est au courant de l'année 1828 que Renduel installa, au numéro 22 de la rue des Grands-Augustins, ce « cabinet de librairie » qui devait être, peu d'années après, le rendez-vous de toutes les célébrités littéraires et artistiques de l'époque, et surtout des chefs de file et des disciples enthousiastes de l'école romantique. Il débuta de la façon la plus modeste, en publiant un tout petit code (format in-32), puis des *Contes* de Berquin, de moitié avec un ami, et d'autres ouvrages de peu d'importance.

C'est seulement en 1830 que son nom commença à se répandre dans le monde des lettres. Il avait eu, en effet, le mérite de pressentir quelle force, quel avenir il y avait dans le mouvement littéraire qui ne faisait que de naître, et il eut l'adresse de grouper autour de lui tous ces écrivains, aujourd'hui célèbres, alors modestes débutants, qui allaient frapper à la porte des différents libraires pour leur glisser subrepticement quelques volumes de prose ou de vers. L'habileté de Renduel consista à les appeler tous à lui par des propositions plus avantageuses et à publier franchement leurs ouvrages, au lieu d'en produire timidement un ou deux, comme le faisaient les autres éditeurs. Étant venu trop tard dans la librairie pour posséder les premières productions de ces écrivains, il eut le rare talent de les attirer à lui, de les enlever aux libraires qui avaient mis au jour leurs livres de début, de retirer l'un à Ladvocat, l'autre à Gosselin, celui-ci à Paulin, celui-là à Levavasseur ; de publier, sans distinction d'auteur, tous les ouvrages d'un mérite réel, laissant au hasard ou au public le soin de décider lesquels auraient le plus de succès et le dédommageraient des pertes occasionnées par les autres.

Dans son aperçu historique sur la librairie française, Werdet, un ancien éditeur bien connu des bibliophiles, caractérise en ces termes la révolution littéraire commencée sous le règne de Charles X et qui reçut une impulsion irrésistible de la révolution politique de 1830 : « Avec l'émeute comprimée, avec le repos forcé imposé à ces chaleureuses imaginations, le culte de la vieille forme classique dut se refroidir, et un avenir littéraire plus en rapport avec les circonstances fut avidement

P. L. JACOB.

Le Bibliophile Jacob

Dessin attribué à Eugène Sue et fait pour illustrer
les *Soirées de Walter Scott à Paris*, de P. L. Jacob,
bibliophile (Renduel, 1829).

recherché. Lamennais avec ses *Paroles d'un croyant*, Paul Lacroix avec ses *Soirées de Walter Scott*, qui obtinrent un brillant succès, ouvrirent à deux battants à la génération nouvelle, l'un les portes de la philosophie, l'autre celles du roman. Deux horizons se découvrirent à la foule nombreuse des littérateurs en herbe, tels que les Léon Gozlan, les Eugène Sue, les Alphonse Royer, les Alphonse Karr et mille autres encore... » C'est précisément Renduel qui produisit dès l'origine ces deux ouvrages, — comment Werdet n'a-t-il pas un mot de souvenir pour son ancien confrère ? — et, par un heureux retour, ce furent ces deux publications qui mirent à flot la librairie de Renduel et en assurèrent la vogue par leur retentissement.

Le livre du Bibliophile Jacob datait d'avant le changement de régime. Renduel avait édité, dès 1829, ses *Soirées de Walter Scott à Paris*, — ce curieux recueil des chroniques de France du xive au xvie siècle, demeuré le type des romans de chevalerie romantique, — et qui est précédé d'une gravure-caricature si bien dans le goût du temps, où le Bibliophile Jacob est représenté en robe de chambre, en culotte courte, des bas déchirés tombant sur les talons, feuilletant de vieilles chroniques dans un cabinet rempli d'in-folio poudreux, de tentures et d'armures moyen âge. Quant aux *Paroles* de l'abbé de Lamennais, c'est seulement en 1833 que parut chez Renduel la première édition de ce livre de révolté, de cette sorte de plainte biblique adressée au nom des classes souffrantes aux heureux et aux puissants du jour, de cet ouvrage qui rendit définitive la scission du prêtre avec la cour de Rome, qui attira enfin sur lui les foudres du pape Grégoire XVI, le condamnant, dans une encyclique solennelle, comme auteur avoué d'un « livre peu considérable, mais d'une immense perversité ».

Combien d'ouvrages de mérite Renduel fit-il paraître ! Combien d'auteurs de génie ou de talent virent leur premier livre édité par lui, ou le vinrent successivement trouver par la force même des choses ! Victor Hugo d'abord, puis Sainte-Beuve, Lamennais, Théophile Gautier, Henri Heine, Paul et Alfred de Musset, Gérard de Nerval, Alfred de Vigny, Jules et Paul Lacroix, Charles

Nodier, Pétrus Borel, Frédéric Soulié, Eugène Sue, Léon Gozlan, Alphonse Royer, d'Ortigue, le vicomte d'Arlincourt, Michel Masson, Louis de Maynard, Raymond Brucker, etc.

Il fallait alors un rare esprit d'initiative, presque de l'audace, pour publier les écrits de Heine et les *Contes* d'Hoffmann. C'est Renduel qui, le premier, demanda à Henri Heine, alors connu seulement par quelques articles de la *Revue des Deux Mondes*, de réunir en un volume ses études sur notre pays ; de là le premier ouvrage de Heine éclos en 1833 et intitulé : *De la France*. Le succès n'avait pas trompé l'attente de l'éditeur, qui traita ensuite avec Henri Heine pour publier ses œuvres complètes, et qui les fit paraître effectivement, au courant des deux années suivantes, en cinq volumes, dont un sur *la France*, deux sur *l'Allemagne* et deux de *Reisebilder*. Et ce qui prouve qu'il y avait alors un certain mérite à apprécier Henri Heine, quelque courage à l'accueillir, c'est que dix ans plus tard, quand Renduel eut pris ses quartiers définitifs à la campagne, Heine fut très embarrassé de trouver un éditeur.

Le Roi s'amuse

Vignette-frontispice de Tony Johannot pour le drame de Victor Hugo (Renduel, 1832).

Hachette n'avait pris qu'en dépôt le restant de l'édition de Renduel, et Heine, redevenu libre de placer ses ouvrages où il voudrait, les alla proposer à Charpentier. Or, celui-ci, qui n'était pourtant pas un homme ordinaire, écrivait dans ce temps à Renduel : « J'ai parcouru les ouvrages de Heine, que j'avais fait prendre, avec votre petit mot, chez Hachette, et franchement, ça n'est pas bon. C'est du dévergondage politique, philosophique, etc., sur tous les points enfin ; et l'esprit qui s'y trouve quelquefois sent diablement le cruchon de bière. C'est d'un étudiant allemand échauffé. Je suis fâché de ne pouvoir les imprimer, car j'aurais eu du plaisir à vous compter encore quelques piles d'écus de 5 francs ; mais c'est impossible. » Effectivement, Charpentier n'édita jamais les ouvrages de Heine, qui fut tout heureux et tout aise, à la fin, de rencontrer un second Renduel en la personne de Michel Lévy (1).

(1) Lettre de Hachette à Renduel du 12 octobre 1840 ; lettres de Charpentier à Renduel des 14 octobre et 9 décembre 1841. — Je reviendrai plus loin sur les rapports d'amitié qui unirent toujours Charpentier à Renduel, celui-ci ayant conservé quelques lettres charmantes du premier ; mais je me contenterai, pour le moment, de donner ici un simple éclaircissement bibliographique. Le

Lorsque Renduel, l'esprit séduit et charmé par les *Contes* d'Hoffmann, avait décidé de les faire tous traduire, il s'était adressé, pour cette tâche délicate, à Loeve-Veimars, et il avait eu la main heureuse, à ne juger que le talent de l'écrivain, dont la remarquable traduction est devenue classique. Cette longue publication obtint une vogue considérable, ne dura pas moins de cinq ans, de 1829 à 1833, et s'étendit jusqu'à vingt volumes, tandis qu'une traduction rivale, celle de Théodore Toussenel, suscitée par ce succès inespéré et commencée seulement un an plus tard, s'arrêta à douze volumes d'égale contenance. L'édition des *Contes d'Hoffmann*, publiée par Renduel, était aussi bien une œuvre de luxe qu'une œuvre littéraire; car, outre une notice historique de Walter Scott sur l'humoriste

---

livre de Heine sur *la France* parut isolément en 1833 ; mais, quand Renduel dut publier ensuite les *Reisebilder*, il voulut réunir toutes les œuvres de Heine sous une rubrique générale. Il marqua donc les *Reisebilder* comme tomes II et III ; la seconde édition de *la France* (réédition fictive, car le titre seul était changé) forma le tome IV, puis *l'Allemagne* les tomes V et VI. La série est complète ainsi, et l'on y chercherait vainement le tome Ier, qui n'a jamais paru. Renduel voulait peut-être attribuer cette place à *la France* ou à quelque autre ouvrage en un seul volume, mais le fait est qu'elle resta toujours vacante.

allemand, elle renfermait un beau portrait, dessiné par Henriquel-Dupont d'après une silhouette d'Hoffmann par lui-même, puis deux vignettes de Tony Johannot, l'une tirée du conte de *Maître Floh* et l'autre représentant le chat Murr.

Sue et Soulié contribuèrent aussi à la prospérité de l'entreprise de Renduel. S'il ne publia du second qu'une réédition des *Deux Cadavres*, il eut en revanche la primeur de deux des plus célèbres romans du premier. Au moment où Renduel entra en rapports avec Eugène Sue, celui-ci venait de quitter la carrière maritime pour s'essayer dans la littérature, après avoir exercé la chirurgie dans les armées de terre et de mer, parcouru l'Espagne, les Antilles, la Grèce et assisté enfin à la bataille de Navarin. Renduel commença par rééditer *Atar-Gull*, publié d'abord chez Vimont, puis il fit paraître, coup sur coup et à un an de distance, les deux grands romans maritimes de *Plick et Plock* et de *la Salamandre*. *Plick et Plock* était le premier ouvrage d'imagination sur la vie maritime qui fût écrit en France, et il avait d'abord paru dans un recueil littéraire, *la Mode*, mais il retrouva

12 9bre 1830

Mon cher Renduel
Envoyez moi donc la suite des
epreuves à Corneger, j'attends
après, nous ne serons jamais
prets pour la fin du mois
n'oubliez pas je vous prie, l'hofman,
le Scott, un les deux jours que
vous avez bien voulu me promettre
à vous
Eugène Sue

LETTRE D'EUGÈNE SUE A RENDUEL
(12 novembre 1830).

en volume le succès retentissant qu'il avait obtenu en feuilletons, et la vogue de ces récits fut telle qu'elle établit définitivement la réputation naissante du romancier.

En 1837, c'est-à-dire au plus fort de sa réputation, Renduel avait transféré sa librairie au numéro 6 de la rue Christine, tout près de son premier domicile. Mais ce n'était pas sans porter atteinte à sa santé qu'il avait pu arriver à ce succès inespéré : son activité infatigable avait usé ses forces, si bien que les médecins lui conseillèrent, d'un avis unanime, de se retirer à la campagne. Un peu avant 1840, il acheta le château et la terre de Beuvron, situés dans l'étroite et charmante vallée du Beuvron, à trois lieues au-dessus de Clamecy, dans un pays où il n'y avait alors que des sentiers abrupts, difficiles à gravir, même à cheval. Cette propriété, d'ailleurs assez étendue et bien placée au bord de la rivière, avait, surtout à ses yeux, le grand mérite de le ramener dans son pays natal, aux confins du Morvan, à quelques lieues de Lormes. Renduel ne se décida pas tout d'abord à abandonner complètement Paris, tant était grand pour lui l'attrait de la vie militante, et il se contenta d'aller passer plusieurs mois chaque année à la campagne; mais, n'ayant pas tardé à s'apercevoir que sa santé dépérissait dès qu'il rentrait à la ville, il dut renoncer absolument à la librairie et se retirer à Beuvron (1).

L'arrivée d'un homme d'intelligence et d'action fut une bonne fortune pour ce pays, encore très arriéré. Renduel, qui avait en lui un besoin incessant de s'occuper, reporta toute son activité sur la culture et oublia les jouissances de la vie littéraire pour les plaisirs de la vie rustique, uniquement préoccupé de la prospérité de ses terres et de ses troupeaux, obtenant des prix aux comices, révélant aux gens de la campagne les inventions modernes et discutant avec eux, se mettant en frais d'éloquence persuasive afin de les décider à adopter quelque instrument nouveau qui leur faisait peur. Les paysans, ou du moins la plupart d'entre eux, reconnurent les qua-

---

(1) D'après d'anciennes affiches qu'on collait dans la région lorsque Renduel voulait affermer, et que j'ai retrouvées, la terre de Beuvron, lot principal et champs isolés réunis, comprenait à peu près 20 hectares de prés et 40 de terres en culture.

lités de cet homme excellent, parfois brusque et grondeur, mais si dévoué, et chaque fois qu'ils purent nommer eux-mêmes leur maire, ils ne manquèrent pas de le choisir. Élu à diverses reprises maire de Beuvron, Renduel apporta à ses fonctions municipales le zèle qu'il mettait en toute chose, et s'y donna tout entier. Il veillait à mieux employer les fonds de secours, ne soutenant que les véritables indigents, afin de pouvoir les secourir tous ; il usait de sa légitime influence, souvent avec succès, pour obtenir des chemins praticables ; il en traçait même et en exécutait avec les seules ressources de la commune. Il donnait encore l'exemple du courage en refusant de fuir devant l'épidémie cholérique, afin de ne pas augmenter l'effroi des paysans attachés au sol. Durant la dernière guerre enfin, étant tout nouvellement renommé maire, il bravait cet hiver rigoureux, malgré ses soixante-treize ans, et courait tous les jours du canton à la sous-préfecture pour veiller aux intérêts de sa petite commune. Bien qu'il dût aller presque chaque année aux eaux, pour soigner une ancienne maladie de foie, Renduel était encore alerte et solide lorsqu'il fut subitement frappé d'une paralysie partielle. La maladie parut un instant céder devant un traitement énergique, mais une seconde attaque, plus violente, l'emporta le 19 octobre 1874. Il approchait de ses soixante-seize ans.

Depuis que Renduel s'était retiré à la campagne, il avait peu à peu perdu de vue ses anciennes relations de Paris. Dans les premiers temps de son séjour à Beuvron, quelques lettres d'affaires venaient encore le déranger des travaux des champs, mais ces derniers échos de la vie passée n'avaient pas tardé à s'éteindre ; et l'éditeur à la mode de 1830 s'était si bien incarné dans le campagnard, s'était si complètement isolé, que tous avaient oublié et le lieu de sa retraite et jusqu'à son nom ; la plupart le croyaient mort. Mais lui n'oubliait pas les écrivains qu'il avait édités ou poussés vers le succès, et quand une de ces brillantes intelligences s'éteignait, il en ressentait vivement le contre-coup; la mort des derniers survivants, celle de Sainte-Beuve, de Jules Janin, l'avait péniblement affecté, et surtout celle de Théophile Gautier.

Tel j'ai connu Renduel vers la fin de sa

carrière, tel je le voyais encore un mois avant sa mort. Il était foncièrement bon, dévoué, affectueux, cachant son excellente nature sous des dehors bourrus, fuyant le monde et ne se dépensant pas en vains témoignages d'amitié, mais aimant d'autant plus vivement ceux qu'il aimait. Pendant les quinze plus belles années de sa vie, il se trouva mêlé à ces luttes ardentes qui ont jeté le plus vif éclat, et il y prit une part active, convaincue : là est le secret du succès de son entreprise. Le souvenir de sa librairie est impérissable : il se lie intimement à l'histoire du mouvement littéraire de notre siècle, et le nom d'Eugène Renduel y restera attaché comme l'est celui de Claude Barbin à la littérature du xviie siècle. Cet honneur est mérité, car il sut servir les intérêts des lettres, et c'est justice que son nom soit toujours prononcé avec ceux des écrivains qu'il a publiés et patronnés. Il fut pour eux mieux qu'un éditeur ordinaire : un allié et un ami.

CHAPITRE III

IMPRESSIONS ET SOUVENIRS DE RENDUEL.

L'annonce du trépas d'un homme que tous croyaient enterré depuis longtemps causa bien une légère surprise parmi les rares gens épris d'histoire littéraire qui avaient entendu prononcer le nom de Renduel par quelques survivants de la phalange romantique ou qui l'avaient vu au bas de quelque édition précieuse de Nodier, de Gautier ou de Hugo; mais ce nom même n'éveillait qu'un vague sentiment de curiosité parmi tous les écrivains modernes, car nul n'avait connu Renduel. Il mourait trop tard pour sa gloire; car, s'il avait précédé Gautier dans la tombe, celui-ci n'aurait sûrement pas manqué de lui consacrer un de ces articles nécrologiques, si animés, si touchants, dans lesquels il faisait revivre l'ami qui venait de disparaître, et le faisait estimer et aimer de tous. Lorsque Renduel disparut à son tour, Paul Foucher survivait seul qui aurait pu tracer de lui un portrait d'après nature; mais celui-ci n'avait eu que peu de rapports avec l'éditeur romantique, étant le dernier venu dans le Cénacle, et cette mort aurait frappé davantage quiconque, étant plus âgé, aurait vécu avec Renduel ces dix années de luttes littéraires, de 1830 à 1840. Quant à Victor Hugo, il planait trop haut dans les nuages pour se soucier aucunement de cet accident terrestre et pour accorder un seul mot de souvenir à celui qui avait été son ami : il daignait du moins l'appeler ainsi.

La plupart des journaux se contentèrent d'annoncer cette mort par un simple fait-divers; quelques-uns pourtant profitèrent du trépas de cette « personnalité quasi littéraire » pour republier quelques contes à dormir debout, comme cela arrive trop souvent dès que disparaît une personne qui a eu son jour de renommée et d'éclat: simple prétexte à copie qui permet de

LA ESMERALDA ET QUASIMODO

D'après un dessin colorié de Théophile Gautier donné par lui à Renduel.

reproduire deux ou trois anecdotes écloses dans le cerveau d'un rédacteur à court de nouvelles (1). Seul M. Philibert Audebrand, qui avait gardé le culte des choses littéraires, consacra au défunt quelques lignes d'un louable sentiment, dans sa chronique de *l'Illustration*. C'était d'autant mieux à lui qu'il n'avait jamais connu Renduel et qu'il ne lui était redevable de rien.

« Eugène Renduel vient de mourir dans sa soixante-seizième année, au château de Beuvron (Nièvre).

« A ce seul nom, ce qui reste de la

(1) Voici celle de ces anecdotes qui fit le plus de chemin dans la presse : «... Eugène Renduel a été l'éditeur le plus marquant de l'école nouvelle; on sait assez que c'est lui qui eut l'heureuse témérité de publier les premières œuvres des romantiques, à commencer par celles de Victor Hugo. En parlant de lui, Henri Heine disait : « — Quand je suis allé lui offrir *Reisebilder*, il me répétait la chanson qu'il chantait à tout le monde : « Vous me « ferez mourir sur la paille. » Et moi de lui répondre : « Sur la paille d'un château. » Vous le voyez, ce charmant Henri Heine était bon prophète ! » — Ce jeu de mots a été naturellement inspiré à quelque nouvelliste par la lecture de la lettre annonçant la mort de Renduel et datée du château de Beuvron ; mais il faut avoir vu ce château, déchu de sa splendeur passée, pour juger combien cette plaisanterie frappait à faux et comment les maîtres de ce domaine, bien que seigneurs châtelains, devaient être et étaient en effet beaucoup moins riches que tel ou tel gros fermier qui n'habite pas un château, mais qui pourrait en acheter deux ou trois comme celui de Beuvron.

génération de 1830 n'a pu s'empêcher de dresser l'oreille. Eugène Renduel a été celui des éditeurs qui a le plus contribué à affermir l'école romantique dans son triomphe. C'est lui qui a prononcé une sorte de *fiat lux* pour les œuvres magistrales d'alors. Ses in-octavo, illustrés de vignettes de Porret et des Johannot, donnaient plus de relief encore à Victor Hugo, à Charles Nodier, à Théophile Gautier et aux autres.

« Un libraire du temps de Louis XV disait :

« — Ah ! si je tenais dans un grenier, nus
« et sans pain, les nommés Voltaire, Jean-
« Jacques Rousseau et Diderot, quelle
« bonne affaire, je les forcerais à me faire
« faire ! »

« Eugène Renduel n'avait pas besoin de songer à de tels expédients. S'il faisait de bonnes affaires avec les grands écrivains de son temps, il les mettait de moitié dans la réussite de l'entreprise. Un livre édité par lui avait, rien que par le nom de celui qui l'avait fabriqué, un passeport sûr auprès du public.

« Les catalogues qu'il a laissés sont des

monuments littéraires. Il n'y a pas de bibliophile qui ne se fasse un devoir de les consulter, afin de se rendre compte de ce que pouvait être l'esprit français en 1830. Eugène Renduel, très téméraire, a été le premier éditeur des deux ouvrages les plus audacieux de son temps : *Reisebilder*, de Henri Heine, et les *Paroles d'un croyant*, de Lamennais.

« Il avait commandé à Gustave Planche un roman en deux volumes in-octavo, et ce n'est pas sa faute si le critique ne s'est pas fait conteur, au moins pour une fois.

« Jules Janin nous disait un jour, dans son petit jardin :

« — Un catalogue d'Eugène Renduel est
« plus intéressant à lire que tous les livres
« qu'on écrit aujourd'hui (1). »

Le chroniqueur se rappelait peut-être avoir enterré avant le temps celui qui venait de disparaître, et il désirait compléter pour l'homme vraiment mort l'oraison funèbre, très sommaire mais déjà trop longue, qu'il lui avait consacrée de son vivant.

(1) *L'Illustration*, 7 novembre 1874.

Portrait d'Eugène Renduel, par Jean Gigoux
D'après une lithographie sur chine (1835).

Au mois de juillet 1874, Renduel était allé prendre les eaux de Bourbonne-les-Bains, où le médecin, un peu en désespoir de cause, l'avait envoyé pour le remettre d'une première attaque de paralysie. Comme il feuilletait un soir *l'Illustration*, lui qui ne lisait d'ordinaire que deux journaux politiques, un de Paris et un de Nevers, il aperçut son propre nom imprimé et il lut avidement les lignes suivantes :

« ...Ce que le directeur ne sait peut-être pas, c'est qu'il a été fortement de mode en littérature, il y a quarante ans, de faire des promesses. On prenait les engagements les plus formels — dans les catalogues. Pour ne parler que du même Alphonse Karr, il avait promis par exemple, trois romans, qu'on attendra probablement jusqu'à la semaine des quatre jeudis.

« 1° *L'Ile des Saules*, dont il est fait mention dans les catalogues d'Eugène Renduel à la date de 1835. (Eugène Renduel est mort depuis longtemps, et 1835 a l'air d'avoir été avant le déluge.)

. . . .

« Mais que vous dire?... Les hasards de

la vie et la fantaisie du conteur l'ont poussé de la mer d'Étretat à la mer de Nice. Tantôt il s'est fait jardinier, tantôt il s'est fait pêcheur. Pour un jardinier c'est de la paresse (1). »

L'article était de M. Philibert Audebrand, et raillait agréablement certain directeur de revue qui prétendait contraindre M. Alphonse Karr, par autorité de justice, à composer un roman de *Robinson Crusoé*, que l'écrivain s'était engagé à faire il y avait déjà vingt ans... Renduel n'en lut pas plus long et jeta le journal.

Lorsque j'allai le voir à Beuvron, à la fin d'août 1874, l'excellent homme, qui s'était repris à espérer après le succès momentané de sa cure, riait volontiers de l'article qui l'avait d'abord désagréablement frappé, et il me disait du ton joyeusement bourru qui lui était habituel : « Conçoit-on ce M. Audebrand, qui me tue et m'enterre sans plus de façon ! Si tu le connais, dis-lui que je suis encore de ce monde. J'avais d'abord envie de réclamer, mais à

(1) *L'Illustration*, 18 juillet 1874.

quoi bon? Si je ne suis pas mort, je n'en vaux guère mieux; je suis oublié des rares survivants de mon temps; si je faisais mine de vivre, je m'attirerais des lettres, des visites, des demandes : mieux vaut demeurer mort (1). »

Quiconque connaissait le caractère et le ton de Renduel aurait facilement discerné, sous cette boutade, une douce satisfaction résultant d'abord de ce que son nom n'était pas oublié, et aussi d'une idée assez complexe, mais bien naturelle, chez un homme ayant occupé pareille position. Pensée toute secrète qu'il ne formulait pas, mais qu'on lisait dans ses yeux et qui était celle-ci : Tandis que les derniers représentants de l'école romantique s'efforcent de satisfaire la curiosité avide des nouveaux venus dans les lettres en leur racontant le peu qu'ils se rappellent de ces combats artistiques et littéraires, tandis que Gautier se lamente de n'avoir plus tant de livres ori-

---

(1). Par un singulier coup du hasard, M. Philibert Audebrand fut à son tour enterré prématurément par ses confrères au mois de novembre 1894. Les journaux, alors, annoncèrent sa mort, mais lui, moins philosophe que Renduel, réclama vivement contre cette oraison funèbre anticipée : *Sic vos non vobis...* dit le proverbe latin.

RAOUL DE PELLEVÉ
Frontispice à l'eau-forte de Boisselat pour le roman du comte de Pastoret (Renduel, 1833).

ginaux, d'éditions rares, auxquelles le temps prête une si grande valeur, un homme vit retiré en province qui en sait long sur les mystères et les intrigues du temps romantique, car cet homme, par sa position et les services qu'on lui demandait, était le confident de chacun, et c'est à son cabinet, sorte de terrain neutre entre tant d'ambitions rivales, que venaient aboutir tous les propos méchants ou scandaleux, tous les commentaires défavorables d'écrivains qui se dépréciaient, par derrière, aussi fort qu'ils s'adulaient en face. Ce solitaire, oublié de tous et que tous croyaient mort, conservait soigneusement ces livres précieux, ces éditions originales, devenues presque introuvables, ces curieuses eaux-fortes et gravures, aujourd'hui disparues; il avait enfin, à demi en ordre, nombre de lettres à lui adressées ou de traités passés avec lui par tous les écrivains et poètes du temps, du plus petit au plus grand.

Le vrai plaisir de Renduel était de penser qu'il détenait tant de riches documents sur le romantisme, et qu'il était seul à les pouvoir consulter. Il surveillait curieusement l'apparition des ouvrages qui prétendaient révéler certains points de l'histoire romantique, et il se pressait de les lire avec le désir secret d'y retrouver quelque souvenir pris sur le vif et aussi de n'y rien découvrir de curieux. La satisfaction qu'il éprouvait à cette lecture était moins d'évoquer le passé que de vérifier s'il était bien seul à en connaître les traits les plus piquants. Par le fait, chaque livre nouveau lui apportait une désillusion ou plutôt une satisfaction nouvelle : tous ne faisaient que répéter les anecdotes ou les aventures les plus connues ; aucun ne dévoilait les intrigues secrètes, les hostilités sourdes qu'il avait connues mieux que personne. C'est que, par sa position même au centre du monde romantique, il était l'arbitre et le conseil nécessaire ; il écoutait les griefs des uns, la médisance des autres, les indiscrétions de tous, — et gardait, le plus souvent, ces confidences pour lui.

Lui demandait-on ce qu'il fallait retenir de livres comme *Victor Hugo raconté par un témoin de sa vie* ou comme les *Souvenirs* de Feydeau sur Gautier : « Rien du tout, disait-il. L'auteur du premier ouvrage,

Paris ce 1.º Mars 1841.

Mon cher Rendual !

J'écris que notre homme d'affaire m'a offert en échange des fs 500 — que je lui presentais ne contient qu'une <u>autorisation</u> de réimprimer mon livre dans un format <u>déterminé</u>, expressement déterminé. Je vous prie, mon cher ami, de rediger cet écrit d'une manière à ne laisser aucun doute sur Notre <u>renonciation</u> pleine et entière à tous les

droits que vous acquis aviez acquis comme
éditeur de la 1ère édition de l'Allemagne
Soyez en outre persuadé que vous ne
perdrez pas les 300 fs que je vous redois,
par la présente lettre je reconnais le
titre de cette dette dont je me débar-
rasserai encore plutôt que vous ne l'at-
tendez.
Tout à vous
Henri Heine
25. rue Bleue.

LETTRE DE HENRI HEINE A RENDUEL
(18 mars 1841).

à la fois juge et partie, était trop malin pour raconter rien de vrai qui fût à son désavantage, et l'auteur du second était trop jeune pour avoir connu le véritable Gautier, celui des âges romantiques. » Puis, avec un ton de regret : « Ah ! si j'avais écrit tout ce que j'ai su, quelles révélations et comme on aurait appris de singulières choses sur ces petits grands esprits ! Pourquoi n'avoir pas fixé mes souvenirs alors que j'avais la mémoire jeune et fraîche? J'ai beaucoup oublié depuis le temps, mais je me rappelle encore quantité de faits que peu de gens ont sus aussi bien que moi. » Et tout ce dont il se souvenait, il le racontait lentement, minutieusement, avec une satisfaction visible, et d'autant plus heureux d'évoquer cette histoire du passé, qu'il voyait quelle attention on lui prêtait, quel plaisir on prenait à ses révélations.

Les souvenirs de Gautier sur l'*Histoire du Romantisme* l'avaient distrait en lui retraçant avec une verve amusante la joyeuse vie d'autrefois ; mais il déplorait que Théophile, comme il l'appelait, n'eût pas pu mener son récit plus loin. Le seul livre qui lui parût mériter quelque attention était l'étude de M. Jules Claretie sur Pétrus Borel, cet écrivain d'un talent si personnel, qu'il avait apprécié et soutenu dès le début. Il trouvait surtout à cet ouvrage le mérite, trop rare de nos jours, d'être écrit dans un esprit très juste, ni trop sévère, ni trop élogieux ; de transporter aussi le lecteur en pleine vie romantique et de le faire vivre, pour ainsi dire, avec ces artistes et ces littérateurs, sur lesquels la physionomie originale de Pétrus Borel se détachait bien en relief.

Il n'était pas non plus sans connaître le passage de *Lutèce* où Henri Heine le met en scène avec Victor Hugo :

« Quelqu'un a dit du génie de Victor Hugo : « C'est un beau bossu ». Ce mot est plus profond que ne le suppose peut-être celui qui l'a inventé. En répétant ce mot, je n'ai pas seulement en vue la manie de M. Victor Hugo, de charger, dans ses romans et dans ses drames, le dos de ses héros principaux d'une bosse matérielle ; mais je veux surtout insinuer ici qu'il est lui-même affligé d'une bosse morale qu'il porte dans l'esprit. J'irai même plus loin, en disant que, d'après la théorie de notre

philosophie moderne, nommée « la doctrine
» de l'identité », c'est une loi de la nature
que le caractère extérieur et corporel de
l'homme répond à son caractère intérieur et
intellectuel. Je ruminais encore cette donnée philosophique dans ma tête lorsque je
vins en France, et j'avouai un jour à mon
libraire, Eugène Renduel, qui était aussi
l'éditeur de Victor Hugo, que, d'après
l'idée que je m'étais faite de ce dernier,
j'avais été fort étonné de ne pas trouver en
M. Hugo un homme gratifié d'une bosse.
« Oui, on ne lui voit pas sa difformité », dit
M. Renduel par distraction. — « Comment! »
m'écriai-je, « il n'en est donc pas tout à fait
« exempt? — Non, pas tout à fait », répondit
Renduel avec embarras. Et, sur mes vives
instances, il finit par m'avouer qu'il avait,
un beau matin, surpris M. Hugo au moment où il changeait de chemise, et qu'alors
il avait remarqué un vice de conformation
dans une de ses hanches, la droite, si je ne
me trompe, qui avançait un peu trop,
comme chez les personnes dont le peuple a
l'habitude de dire qu'elles ont une bosse,
sans qu'on sache où... Chose aussi amusante que significative! Ce fut justement à

l'éditeur du poète que cette difformité ne resta pas cachée. Personne n'est un héros aux yeux de son valet de chambre, dit le proverbe, et de même, le plus grand écrivain finira par perdre à la longue son prestige héroïque aux yeux de son éditeur, l'attentif valet de chambre de son esprit; ils nous voient trop souvent dans notre négligé humain. »

Et, comme je lui demandais ce qu'il y avait de vrai là dedans :

« Je connais cette histoire de longue date, me répondit Renduel; elle est amusante, mais inventée à plaisir. Heine est là tout entier. Je lui aurai dit quelque jour que j'avais surpris le maître à sa toilette. Cette idée du petit lever royal d'Hugo l'aura frappé et se sera mêlée dans son esprit avec sa théorie de la conformité physique et morale chez les écrivains. Ces deux pensées auront germé et se seront confondues; de là cette anecdote qu'il imagine, de là les paroles qu'il me prête et qu'il devait croire vraies à force de les rouler dans sa tête. »

Renduel avait gardé le meilleur souvenir de Gautier, et s'il avait toujours quelque trait désagréable à raconter sur les autres coryphées du romantisme, il ne parlait jamais de Théophile que pour vanter sa franche et bonne nature, son humeur égale, son excellent caractère. Il n'avait pourtant conservé aucune relation avec lui; mais il le préférait, comme homme, à tous ses contemporains. « Quel bon garçon, avait-il coutume de dire, quel brave cœur! » Cette sympathie semble avoir été réciproque, car Gautier ne manque pas, à l'occasion, de donner dans ses livres un souvenir à celui qui fut son éditeur et son ami. Si brièvement qu'il parle de lui dans sa préface du *Capitaine Fracasse* ou dans sa notice autobiographique, ce ne sont pas là des paroles banales, et le poète avait dû garder un souvenir sincèrement affectueux de l'éditeur de *Maupin*.

Lors de ma dernière visite à Renduel, les *Portraits contemporains* de Gautier venaient de paraître, et Paul Foucher, qui rédigeait une revue littéraire à *la Liberté*, analysa ce livre dans un article qu'il terminait par ces paroles émues : « Gautier et moi, nous nous étions un peu perdus de vue ; et, pourquoi ne le dirais-je pas ? il m'aimait peu, je n'ai jamais su pourquoi.

ALFRED DE MUSSET ET HONORÉ DE BALZAC
Caricature à la plume, attribuée à Théophile Gautier
(1835).

Nous ne savons guère — et nous avons tort — nous affranchir de cette réserve inspirée par le peu de sympathie que notre personne ou notre production provoque. Cependant nous étions plus que camarades : nous étions frères d'armes. Nous avions tous deux les chevrons d'*Antony*, la croix d'honneur d'*Hernani*. Nos allures étaient celles de copains de lettres ; mais nous ne nous sommes jamais tutoyés — que de loin. Je n'en remplis pas avec moins de sympathie la tâche qui m'échoit. Dans son article sur Gozlan, recueilli parmi les *Portraits contemporains*, Gautier disait : « Notre armée n'est pas vaincue, mais « décimée, et les soldats qui sont encore « debout se regardent avec inquiétude, « voyant leur petit nombre. » Hélas ! à la représentation des *Burgraves*, déjà on avait demandé à Célestin Nanteuil deux cents soldats des bandes d'*Hernani*, et il n'avait pu les donner. « Chacun a l'air de dire à l'autre, continue Gautier : « Si c'est toi qui « es destiné à faire l'oraison funèbre de la « troupe, ne m'oublie pas ». J'ai pensé — y avait-il témérité ? — que c'était à moi le tour. J'ai pris de la main du factionnaire tombé le fusil, prêt à le remettre à qui voudra me relever. Les hommes de la génération de 1830, que je n'ai pas à louer, mais que tant de noms d'un éclat si supérieur au mien ont recommandés, rappellent les huguenots du cinquième acte du chef-d'œuvre de Meyerbeer. Sous les balles invisibles qui criblent le peu qui reste encore de la phalange, ils chantent encore ; bientôt, peut-être, ils ne chanteront plus. »

Cet article plongea Renduel dans de tristes pensées ; mais il lui inspira bientôt des idées plus riantes en évoquant le souvenir de Paul Foucher. La myopie, devenue légendaire, de ce pauvre Foucher était, dès cette époque, une source inépuisable de plaisanteries, d'ailleurs inoffensives, et provoquait parfois les incidents les plus drôles. Le cabinet de Renduel était le rendez-vous ordinaire des auteurs romantiques, qui venaient y flâner en colportant les nouvelles littéraires ou autres. Certain jour, Paul de Musset, qui avait un talent particulier pour dessiner des charges ou découper des silhouettes comiques, avait, tout en causant, tracé une caricature frappante de Paul Foucher et l'avait collée au beau milieu de la glace. Les visiteurs une fois partis, Renduel s'était remis à écrire sans plus songer à ce nouvel ornement. Quelqu'un entre : c'est Paul Foucher, alors simple débutant, qui désirait publier son premier volume chez l'éditeur en vogue et qui s'était fait chaudement patronner par sa sœur, Mme Victor Hugo. Il s'avance, le lorgnon braqué dans l'œil, et, tout en causant, regarde de droite et de gauche. Ce papier collé sur la glace l'intrigue... Il raffermit son lorgnon, se penche tant qu'il peut et reconnaît sa propre charge. Un autre aurait pu se récrier ; lui, il eut le bon esprit de ne rien dire, épargnant ainsi une explication délicate à Renduel, qui pestait tout bas contre le caricaturiste absent (1).

(1) L'excellent Paul Foucher, avec sa mauvaise vue, était chaque jour en butte à de nouvelles mystifications. En voici de plus ou moins drôles, que raconte dans ses *Mémoires* le comte Horace de Viel-Castel : « Il a été longtemps notre victime aux deux Musset et à moi ; nous lui faisions manger de la colophane pour du sucre de pomme et nous affichions partout sa caricature. Un jour, dans le journal *l'Artiste*, en rendant compte d'une de ses productions, j'ai imprimé qu'il était au moins l'égal de Molière et il l'a cru. Je lui ai persuadé une autre fois qu'il était invité à un bal costumé chez les Ancelot, qui ne songeaient pas à lui et qui se chauffaient tranquillement au coin de leur feu ; il arrive habillé en archer du xvie siècle, costume collant, rayé jaune et noir, toque rouge, plumes blanches, le poignard au côté, la halle-

Le souvenir de Foucher était lié dans la pensée de Renduel à celui de cette grande orgie moyen âge organisée par tous les romantiques : poètes, romanciers, peintres, graveurs, sculpteurs, architectes, et qu'ils dénommèrent fièrement : *Fête des Truands*. Pour donner plus de couleur à cette réunion de carnaval, le travestissement était obligatoire, et Dieu sait quels singuliers oripeaux servirent à costumer nombre d'invités. Presque aucun de ces jeunes gens n'avait alors un sou vaillant ; aussi les déguisements étaient-ils aussi peu luxueux que les consommations peu délicates ; elles se composaient surtout de charcuterie et de vin chaud. « Quelle cohue, quel entrain et quelle gaieté ! disait Renduel. Nos habits étaient sales ; mais quelle fantaisie comique dans ces vieilleries ! Nous avions tous revêtu des costumes fripés qui nous allaient tant bien que mal, en nous donnant l'aspect le plus burlesque. J'étais impayable, affublé en Almaviva abricot, et Foucher

---

barde à la main. L'entrée a été superbe, la surprise des Ancelot magnifique. Paul Foucher est resté jusqu'à minuit, attendant toujours le bal masqué. » Cette dernière farce est assez amusante et Champfleury l'a jugée telle, puisqu'il en a fait *les Mésaventures de M. Tringle*.

était absolument grotesque en Guillaume Tell, armé d'une arbalète et d'un binocle. Buffet peu varié, mais copieusement servi ; on y mangeait sur le pouce et la presse était si grande autour, que Nanteuil, dont la haute taille dépassait toutes les autres, avait l'air de poser sa galantine sur la tête de ses voisins. C'était peu ragoûtant, mais amusant au possible. »

Théophile Gautier a laissé aussi des souvenirs personnels sur cette fête historique :
«... C'était rue du Doyenné, dans ce salon où les rafraîchissements étaient remplacés par des fresques, que fut donné ce bal costumé qui resta célèbre, et où je vis pour la première fois dans tout l'éclat de son succès, de sa jeunesse et sa beauté, ce pauvre Roger de Beauvoir, qui vient de mourir après de si longues souffrances. Il portait un magnifique costume vénitien, à la Paul Véronèse : grande robe de damas vert-pomme, ramagé d'argent ; toquet de velours nacarat et maillot rouge en soie ; chaîne d'or au col. Il était superbe, éblouissant de verve et d'entrain ; et ce n'était pas le vin de Champagne qu'il avait bu chez nous qui lui donnait ce pétillement de bons

VENEZIA LA BELLA

Frontispice à l'eau-forte de Célestin Nanteuil pour le roman d'Alphonse Royer (Renduel, 1834).

mots. Dans cette soirée, Édouard Ourliac, qui plus tard est mort dans des sentiments de profonde dévotion, improvisait, avec une âpreté terrible et un comique sinistre, ces charges amères où perçait déjà le dégoût du monde et des ridicules humains (1). »

Cette « Fête des Truands » eut un retentissement inouï. Les adeptes du romantisme faisaient tant parler d'eux et l'on racontait sur leur compte des traits tellement excentriques, que beaucoup de gens du monde s'étaient fait inviter pour voir de près ces bêtes curieuses. Ils avaient aussi des relations très étendues dans le monde des théâtres, et nombre d'acteurs et de comédiennes célèbres s'étaient rendus à leur invitation. « C'est là, poursuivit Renduel, que la jolie Mlle Levert, sociétaire de la Comédie-Française, me soutira vingt

(1) Autobiographie écrite par Gautier pour l'*Illustration* en mars 1867, et insérée en tête de ses *Portraits contemporains*. Voir aussi la description de l'appartement et des apprêts du bal dans son article sur Marilhat (même ouvrage, p. 234). L'impasse du Doyenné était située parmi les pâtés de maisons qui encombraient le terrain occupé aujourd'hui par les deux squares intérieurs du Louvre. Elle s'ouvrait sur la place du Carrousel (à la place actuelle du pavillon Mollien) et s'enfonçait jusque derrière le manège les écuries du roi, où s'élevaient de très beaux arbres, bien faits pour charmer la colonie d'artistes qui gîtait dans ce coin resserré du vieux Paris.

francs à l'écarté, avec une rouerie et un aplomb remarquables. Il s'en fallait d'un point que l'un ou l'autre gagnât. Je venais de donner les cartes et tenais en main un jeu assez favorable ; elle en avait un détestable et se voyait perdue d'avance. Tout en jouant, je devisais avec les allants et venans. Comme je saluais d'un mot quelque ami au passage, Mlle Levert, feignant de croire que je lui offrais des cartes de rechange : « J'accepte », dit-elle en abattant son jeu. Réclamer contre une jolie femme aurait été ridicule... Je lui donnai cinq nouvelles cartes qui se trouvèrent être excellentes : elle gagna haut la main. La partie finie, je me levai et saluai poliment ma partenaire, qui ne demandait qu'à recommencer. »

L'article précité de Paul Foucher découlait, comme il le dit lui-même, d'une des idées favorites de Gautier. Théophile revient souvent dans ses écrits sur cette pensée touchante, sur ce devoir qu'il croyait sien d'adresser publiquement une parole d'adieu à tout « soldat de l'armée romantique qui tombait », de résumer pour les nouveaux venus quelques particularités de sa vie et de notifier les plus importants de ses travaux à la génération qui les ignorait; mais jamais il ne s'exprima en termes plus émus qu'à l'annonce du trépas si subit de Léon Gozlan. On voit que le poète a été réellement frappé par cette nouvelle foudroyante que le télégraphe lui transmet au milieu d'un joyeux dîner :

« Sans attendre l'arrivée des journaux de Paris, qui, sans doute, apporteront ce matin leurs renseignements nécrologiques, rendons à cette mémoire les honneurs qui lui sont dus; tressons-lui, avec quelques lignes de feuilleton, une couronne de jaunes immortelles. Ils commencent à être rares les survivants de cette phalange autrefois si serrée qui s'était formée vers 1830, et que reliaient autour du drapeau romantique les mêmes rêves de rénovation littéraire. A des instants de plus en plus rapprochés, une balle invisible siffle et un vide se fait dans les rangs ; vide qui ne sera pas rempli, car qui se soucie aujourd'hui des idées dont nous étions enflammés jusqu'à la folie? La génération nouvelle a ses amours, ses haines, ses préoccupations, ses affaires, comme c'est son droit, et ne regarde pas souvent en arrière; elle marche confusément vers l'avenir, vers l'inconnu, et nous autres, nous restons là, avec nos dieux oubliés, sur le champ de bataille, à compter nos morts gisant parmi quelques momies classiques pourfendues jadis à grands coups d'estoc. L'heure est triste; le jour descend et la nuit va venir. Du soleil, on n'aperçoit plus qu'un mince fragment de disque échancré par la silhouette noire des affûts brisés. Notre armée est non pas vaincue, mais décimée, et les soldats qui sont encore debout se regardent avec inquiétude, voyant leur petit nombre. Le poids du harnais de guerre leur pèse, quoiqu'ils n'en disent rien et qu'ils se redressent avec la fierté de ceux qui, jadis, ont pris part aux batailles des géants. Chacun a l'air de dire à l'autre: « Si c'est toi qui es destiné à faire l'oraison « funèbre de la troupe, ne m'oublie pas. »

Et Gautier fit comme il disait: il n'oublia personne, jusqu'au jour où lui-même succomba.

CHAPITRE IV

LES COLLECTIONS DE L'ANCIEN LIBRAIRE.

Lorsque Théophile Gautier, au courant de son *Histoire du Romantisme*, vient à décrire la chambre pauvre « mais d'une pauvreté fière et non sans ornement », où se réunissaient les fougueux adeptes du romantisme, qui formaient *le petit Cénacle*, — la réunion se composait habituellement de Gérard de Nerval, de Jehan du Seigneur, d'Augustin Mac-Keat, de Philothée O'Neddy (chacun arrangeait un peu son nom pour lui donner plus de tournure), de Napoléon Tom, de Joseph Bouchardy, de Célestin Nanteuil, de Théophile Gautier, de Pétrus Borel, de quelques autres encore, — il ajoute avec un sincère accent de regret et d'émotion : « Les médaillons des camarades modelés par Jehan du Seigneur — notez bien cet *h*, il est caractéristique du temps, — et passés à l'huile grasse pour leur ôter la crudité du plâtre et les *culotter* (pardon du mot! les statuaires et les fumeurs l'emploient dans la même acception) étaient suspendus de chaque côté de la glace et dans l'épaisseur de la fenêtre, où ils recevaient un jour frisant très favorable au relief. Que sont devenus ces médaillons faits par une main glacée elle-même maintenant, d'après des originaux disparus dont bien peu du moins survivent? Ces plâtres se seront sans doute brisés au choc brutal des déménagements, à travers les odyssées d'existences aventureuses, car alors nul de nous n'était assez riche pour assurer l'éternité du bronze à cette collection qui serait aujourd'hui si précieuse comme art et comme souvenir. Mais quand la vaste jeunesse ouvre devant vous ses horizons illimités, on ne se doute pas que le présent prodigué avec tant d'insouciance peut un jour devenir de l'histoire, et l'on perd sur le bord de la route bien des témoignages curieux... »

Les regrets de Gautier étaient malheureusement justifiés. Beaucoup de ces curieux médaillons ont été brisés en mille pièces et l'on n'en trouverait plus aujourd'hui de collection complète ; mais il en restait quelques-uns, à Beuvron, ceux de Théophile Gautier, Pétrus Borel, Cordelier Delanoue, Philothée O'Neddy, Gérard Labrunie, qui ne s'appelait pas encore de Nerval, et de Renduel lui-même. Autant de plâtres qui sont passés entre mes mains par la suite et qu'il me fut doux de montrer, de prêter même au fils du sculpteur, à ce vaillant Maurice Duseigneur, mort récemment et qui s'occupait avec un zèle pieux de réunir, de faire surmouler les différents bustes ou médaillons modelés par son père : il n'en avait, le croirait-on ? retrouvé qu'une dizaine, y compris ceux que je pus lui fournir.

Renduel avait aussi conservé précieusement plusieurs des dessins originaux, aquarelles ou sépias qu'il avait fait exécuter par les principaux peintres romantiques pour illustrer les drames de Victor Hugo et sa *Notre-Dame de Paris*. D'abord cinq belles sépias de Boulanger: deux pour *Hernani* et une pour *Lucrèce*, payées deux

Eugène Renduel, par Jehan Duseigneur (1832)
D'après un médaillon en bronze.

cents francs chacune, et deux plus grandes, en largeur, pour *Marion Delorme*, pour lesquelles Boulanger toucha six cents francs ; une sixième, qui devait représenter Gennaro tuant sa mère, ne fut jamais exécutée, encore que le peintre l'eût formellement promise à l'éditeur. Quant aux deux beaux dessins composés par Raffet pour *Notre-Dame*, et qui représentaient : l'un, le mariage de Gringoire et d'Esmeralda dans la cour des Miracles ; l'autre, Phœbus et Esmeralda surpris par Claude Frollo, Renduel les avait payés ensemble la modique somme de quatre cents francs, et ne se consolait pas de les avoir, dans un moment d'irréflexion, cédés à la maison Giroux. Mais les deux pièces capitales de cette série étaient signées de Louis Boulanger : sa belle aquarelle de la *Procession du pape des fous*, d'un éclat, d'une couleur inimaginables, que le libraire avait payée cinq cents francs, et son tableau du *Roi Lear*, un des grands succès du Salon de 1836, qu'il avait gracieusement offert à Renduel. « Je vous envoie mon *Roi Lear*, lui écrivait-il, pour remplir la promesse que je vous avais faite d'une peinture de moi.

C'est une bonne traduction de Shakespeare, je crois, et une des toiles que j'aime le mieux de moi. » En voilà donc un qui ne pensait pas avoir à se plaindre et marquait quelque reconnaissance à son éditeur.

Autour de ces tableaux étaient suspendus force petites toiles ou jolis dessins. De ce côté, un charmant portrait au crayon de Hoffmann par Henriquel-Dupont, d'après un document reçu d'Allemagne; une sépia de Decamps représentant un brigand italien en prison, puis deux pochades de Théophile Gautier : au crayon, une charmante tête de femme coquettement couverte d'un chapeau à plumes et jetant en arrière un regard malicieux ; à l'encre, un couple d'amoureux Louis XIII se promenant dans un parc; enfin une aquarelle du même pour la scène de *Notre-Dame de Paris* où Quasimodo veille sur la Esmeralda dans la cellule du Refuge. Sur cet autre pan de mur, une aquarelle de Marckl pour *Cromwell* et quatre autres, très jolies, de Camille Rogier, représentant, celle-ci le couronnement de Cromwell, celle-là l'entrée de François Ier dans le bouge de Saltabadil, la troisième et la quatrième : le *Retrait du roi Louis XI* et *Trois cœurs d'hommes faits différemment*, destinées, vous le devinez, à *Notre-Dame de Paris*. Au milieu de la pièce, enfin, un grand portrait à l'huile, un élégant cavalier, la figure toute pâle et tout vêtu de noir, le cou engoncé dans une énorme cravate, la taille serrée dans une longue redingote en forme de fourreau, les mains gantées de gris, le pur *dandy* romantique, en un mot, qui ne laissait rien voir de blanc et dont les poignets, le col, le plastron de chemise étaient soigneusement dissimulés : c'était Renduel lui-même, en grande tenue, et celui qui l'avait ainsi pris sur nature en 1836 n'était autre que le peintre-poète Auguste de Châtillon, le futur auteur de *la Levrette en paletot* (1).

Que de gravures aussi, de magnifiques épreuves des compositions commandées à

---

(1) Ces tableaux ou dessins, aquarelles ou sépias, de Louis Boulanger, Decamps, Henriquel-Dupont, Théophile Gautier et Camille Rogier sont tous aujourd'hui chez moi, sauf l'aquarelle de Marckl et trois de Rogier, dont Renduel avait fait largesse à différentes gens. Son grand portrait par Auguste de Châtillon a été légué par Mme Renduel au Musée historique de la ville de Paris, et on peut le voir maintenant à l'Hôtel Carnavalet où sa place était tout indiquée au milieu des gens qui, par leur naissance ou leur réputation, se rattachent à l'histoire de Paris, car nul éditeur ne tint jamais plus grande place à Paris que cet enfant du Morvan.

LE ROI LEAR
Lithographie d'après le tableau de Louis Boulanger
(Salon de 1836).

Boulanger, aux Johannot, à Raffet, à Marckl, à Rogier pour les drames et les romans de Victor Hugo ; quelle rareté que cette livraison renfermant sous couverture jaune quatre eaux-fortes très fouillées de Célestin Nanteuil pour les OEuvres de Victor Hugo — il n'en parut jamais davantage — et quelle précieuse feuille que celle qui présentait, en épreuve d'essai, les trois curieux dessins à l'eau-forte que le même Nanteuil avait imaginés pour le *Spectacle dans un fauteuil* et que Musset fit anéantir; quelle jouissance c'était pour Renduel vieilli que de manier encore et de contempler d'un œil plein de regrets ces précieuses reliques de sa vie de libraire ! Il avait un tiroir rempli de vignettes, frontispices ou culs-de-lampe en première épreuve sur chine volant — auteurs : Tony Johannot, Devéria, Gigoux, Henry Monnier, etc. ; — et quelques-unes de ces illustrations, par un raffinement de collectionneur, avaient été tirées sur satin : celles de *Vertu et tempérament,* du Bibliophile Jacob, par exemple, de *la Salamandre,* d'Eugène Sue, aussi bien que le beau portrait de Renduel par Gigoux, en lithographie, et le charmant portrait au burin d'Hoffmann, par Henriquel-Dupont. Et ces vignettes, pour lesquelles on choisissait toujours la scène la plus horrible du drame ou du roman, sont comme les armes parlantes du romantisme; voyez plutôt celles destinées à *l'Assassinat*, de Méry, à *Champavert*, de Pétrus Borel, au *Mutilé*, de Saintine, aux *Caractères et paysages*, de Philarète Chasles, au *Vendéen*, qui n'a pas de nom d'auteur. Ce ne sont que séductions et violences, qu'assassinats et décollations.

« Avez-vous remarqué, écrivait un jour Théophile Gautier, que les livres curieux et devenus rares ont des jambes comme les petits bateaux sur lesquels l'enfant consulte son père, car s'ils n'avaient pas des jambes, ils ne marcheraient pas et resteraient tranquillement sur le rayon de bibliothèque où on les a précieusement serrés entre deux livres de mœurs honnêtes et de reliure convenable. Lorsque les mélanges tirés d'une petite bibliothèque romantique de M. Charles Asselineau nous tombent sous la main, de quels amers regrets ne sommes-nous pas saisi? Tous ces livres, devenus si rares, si introuvables, si précieux, qui atteignent dans les ventes à de telles enchères, nous les aurions pour rien, sans nous donner la moindre peine, avec l'eau-forte, le bois, le portrait, la lettre ornée, tout ce qui fait heureux le bibliophile dans cette chasse innocente et lui procure de si douces émotions. Nous les posséderions, ces éditions *princeps*, celles qui font foi, que les auteurs ont revues ! Une à une elles seraient venues se ranger derrière la vitre transparente, mais sous clefs maintenant, puisqu'il y a d'honnêtes gens voleurs de livres. Malheureusement, il est trop tard ; la plupart des amis sont morts, les éditions sont épuisées depuis longtemps, et nous voilà écrivant cette *Histoire du Romantisme* dont nous avons été une petite part, sans un de ces livres, qui portaient pourtant comme sauvegarde le nom sacré des maîtres. »

Renduel en avait gardé beaucoup de ces livres précieux, mais il en avait perdu aussi beaucoup par manque de prudence et par la bêtise des paysans qui fouillaient librement dans ces volumes, en regardaient d'abord les images et puis les déchiraient pour allumer leur feu. Ne surprit-on pas un jour la bonne et le jardinier qui s'escrimaient

Mon cher Editeur,

Eh bien ! Shakespeare vous attend : si votre rhume est guéri et que vous n'ayez pas ajouté à son irritation par quelqu'une de ces bonnes fortunes Romantiques qui ne guérissent pas les Rhumes. Si le procès de M. de Lamennais ne vous absorbe plus, terminons donc cette affaire d'une manière ou d'une autre, et donnez moi un rendez-vous.

Mille amitiés.

10 - Mai (Samedi.)

Charles

LETTRE DE PHILARÈTE CHASLES A RENDUEL.

de la plume et du crayon sur une brochure dont l'édition *princeps* vaut de l'or aujourd'hui : *le Sacre de Charles X*, par Victor Hugo? Renduel n'avait pas perdu des livres de ce seul fait : il en avait aussi donné à de prétendus amateurs ; il en avait prêté qui n'étaient jamais revenus — toujours les jambes des petits bateaux ; — mais sa bibliothèque, après tant de malheurs, était encore assez bien garnie en éditions originales, et le vieux libraire regardait surtout avec amour des tirages sur beau papier de Chine ou des Vosges, sur papier rose ou vert, qu'il avait faits pour lui-même et seulement pour des volumes de choix, ceux signés de Victor Hugo, de Sainte-Beuve et de Lamennais, de Charles Nodier et d'Alfred de Musset ; il couvait enfin d'un œil jaloux deux recueils médiocrement élégants et qui n'étaient rien moins que les épreuves complètes des *Voix intérieures* et de *Cromwell*, avec corrections de la main de l'auteur.

Vous figurez-vous quelle quantité inconcevable de lettres : offres, requêtes, demandes d'argent, reproches, engagements, Renduel dut recevoir pendant les dix ans qu'il fut le libraire attitré de l'école romantique? Et dans cet énorme masse de papiers qu'il avait conservés, que de noms illustres dans les lettres, les arts et la politique à côté d'autres de notoriété moyenne ou même absolument inconnus! Hugo, Nodier, Lamennais, Soulié, Janin, Balzac, Sainte-Beuve, Lamartine, Dumas, Eugène Sue, Th. Gautier, Paul Lacroix, Gérard de Nerval, Pierre Leroux, Henri Heine, A. de Vigny, Berlioz, les deux Roqueplan, les deux Musset, les deux Johannot, Jules Lacroix, Colin de Plancy, Pétrus Borel, Louis Boulanger, Célestin Nanteuil, Vatismesnil, Laurent de Jussieu, Alphonse Royer, Émile Deschamps, Émile de Girardin, Louis Reybaud, d'Arlincourt, Xavier Marmier, Loeve-Veimars, le premier traducteur d'Hoffmann, Léon Gozlan, Azaïs, André Delrieu, Monteil, de Chênedollé, d'Ortigue auquel Renduel achetait par charité son roman provençal de *la Sainte-Baume*, les deux graveurs anglais E. et W. Finden, Louis de Maynard; puis le clan des femmes auteurs : Sophie et Delphine Gay, la duchesse d'Abrantès, Mme Bécard et Mme de Saint-Surin, Georgette Ducrest, fille de l'ancien ministre de la marine et qui voulait colloquer sa propre fille à Renduel ; Ida Saint-Elme, ancienne maîtresse du maréchal Ney et qui devint célèbre sous le pseudonyme de *la Contemporaine*, etc., etc.

La position de Renduel, en fixant sur lui les regards de tous ceux qui tenaient une plume, en France, et désiraient publier un volume, lui attirait les demandes les plus singulières. Pas de jour où quelque auteur ayant une petite renommée de clocher, ne lui proposât d'éditer un roman, un poème, une étude historique, un drame non représenté, en l'assurant toujours que cette production ne manquerait pas de frapper un grand coup et de donner un éclat considérable à sa librairie. Et les offres de services succédaient aux propositions de livres : certain amateur de Lyon, très excité par les contes du Bibliophile Jacob, envoyait deux dessins dont le réalisme outré ne rachetait pas la fâcheuse inexpérience et que le libraire aurait été bien embarrassé de publier. Mais les correspondants ne s'en tenaient pas là, et Renduel était aussi chargé par des étrangers de transmettre l'expression ou même quelque témoignage effectif de leur admiration aux

« maîtres de la pensée » avec lesquels il était en rapports. Tantôt c'est un écrivain nommé Scipion Marin, auteur d'une étude panégyrique sur Chateaubriand, qui, héritant de terres en Provence, fait aussitôt plusieurs caisses de fruits et d'oranges de sa propriété pour les envoyer à différents hommes de lettres dont l'amitié, disait-il, lui était chère ; il arrive, par un fâcheux hasard, que Paul Lacroix ne reçoit pas l'envoi, et Marin, tout aussitôt, d'écrire à Renduel pour qu'il aille en personne aux Messageries réclamer le paquet perdu et le transmette au Bibliophile. Une autre fois, c'est Jean-Edme Paccard, auteur dramatique et romancier fécond, qui adresse à Renduel une lettre de trois grandes pages, avec cette suscription : *A Monsieur Eugène Renduel, l'un de nos premiers éditeurs*, pour le supplier de veiller sur la précieuse santé d'Hugo et de conserver ce génie à la France :

Vous avez sans doute le bonheur de voir quelquefois ou même souvent M. Victor Hugo. Dites-lui hardiment qu'il n'a rien publié encore d'aussi onctueux, d'aussi énergique, d'aussi élégamment poétique que *les Voix intérieures*. L'admirable pièce de vers, entre toutes admirables aussi, ayant pour titre : *A des oiseaux envolés*, m'a ému, fait pleurer. Je m'y suis reconnu comme père, et, génie et talent à part, je me suis dit : c'est moi. La plus belle âme a pu seule produire de pareils vers ; car c'est de l'âme que des vers ainsi frappés sont enfants. Tout le volume est de cette même force poétique. L'auteur est là tout entier. Mais qu'il y prenne garde, cet homme aux grandes et nobles et entraînantes inspirations : il y a dans ces pages quelque chose de triste, de sombre, de touchant qui fait penser à ce que l'on appelle pour les hommes à inspiration *le chant du cygne*. Ah ! qu'il vive, cet homme des régions supérieures, qu'il vive ! Que son génie ne le tue pas ! car le feu, tout sacré qu'il est, dévore et rapidement... Vous qui êtes assez heureux pour recueillir et publier ses immortelles inspirations, dites-lui de ménager sa vie. Il a déjà assez fait pour sa gloire. La vie est une bonne chose, lorsqu'on se sait aimé, estimé, honoré et plus encore. Et vous, monsieur, ayez foi aux paroles d'un écrivain de peu ou point de célébrité, mais jamais jaloux de ce qui se fait de bien et de beau tout autour de lui... (1).

(1) Ce Paccard, qui tâta un peu de tous les métiers, qui fut tour à tour comédien, romancier, poète et auteur dramatique, puis libraire et employé au ministère des finances, était né à Paris en octobre 1777. C'était déjà un homme d'âge à l'époque du mouvement romantique. La plupart de ses nombreux ouvrages dataient d'auparavant, en particulier celui qui eut le plus de succès, *l'Ermite du Marais ou le Rentier observateur*, publié en 1819 chez l'imprimeur-libraire Laurens, dont la fille cadette devait devenir Mme Renduel. Celle-ci avait gardé précieusement et m'a transmis la jolie sépia originale composée par Chasselat pour illustrer le livre humoristique de Paccard, lequel mourut d'hydropisie en avril 1844.

Dans les premiers temps de sa retraite à Beuvron, Renduel correspondait encore assez activement, pour régler ses affaires, avec les libraires de Paris, Charles Gosselin, Hachette, etc.; mais surtout avec Charpentier qui était pour lui mieux qu'un ancien confrère : un ami. Charpentier était un peu plus jeune que Renduel et débutait alors assez modestement, mais soit sympathie de caractère, soit communion d'idées, les deux libraires s'étaient rapidement liés. Ils avaient publié ensemble quelques ouvrages, dont un bel *André Chénier* en deux volumes; enfin Renduel, déjà prêt à se retirer et ne pouvant pas recommencer toute sa collection sur nouveaux frais, avait vivement engagé son confrère à tenter une révolution capitale dans la librairie, à choisir pour ses livres courants un format intermédiaire entre l'in-octavo romantique et l'in-dix-huit ordinaire (1), à adopter enfin ce format si maniable qui a dû son succès à sa commodité et qui

(1) Les éditions romantiques en petit format sont très rares ; je citerai *les Hirondelles*, poésies d'Alphonse Esquiros (Renduel, 1834) et la première édition de *Vie, poésies et pensées* de *Joseph Delorme* (Delangle, 1829), republiées dès l'année suivante en in-8º chez Renduel.

s'appelle encore aujourd'hui, du nom de son inventeur, *format Charpentier* (1). Quand Renduel se retira, Charpentier reprit plusieurs de ses publications, puis il voulut tenter aussi la fortune avec le maître par excellence : « Vous savez que je vais publier dans ma collection Victor Hugo ; écrivait-il à Renduel le 27 avril 1841. Je serais bien aise pour prospectus d'avoir celui que Théophile Gauthier(*sic*) vous fit il y a quatre ou cinq ans et qui était tant soit peu hyperbolique. N'importe, comme on n'est pas devenu plus modeste depuis, il pourrait me servir avec quelques petits changements. Tâchez donc de m'en déterrer un dans vos archives : vous m'obligeriez grandement. Adieu, mon cher philosophe, etc. »

Ces lettres de Charpentier sont pleines d'humour : on voit qu'il est à l'aise avec Renduel et qu'il se sent du même bord. Une fois les affaires expédiées, il cause d'amitié avec le campagnard et lui raconte les menus faits de la vie littéraire ou politique à

---

(1) Le premier ouvrage ainsi publié par Charpentier date de 1838 : c'est une réédition de la *Physiologie du goût*, « augmentée d'une notice sur l'auteur ».

« *Ah! quel bonheur! je suis à numéro!...* »

L'Ermite du Marais ou le Rentier observateur

Dessin à la sépia, de Charles Chasselat, pour l'ouvrage d'Edme Paccard (2 vol. chez Laurens et Pélissier, 1819).

Paris. Il a par moments des élans de désespoir qui font sourire aujourd'hui qu'on sait quel succès a couronné ses efforts : il déplore le temps passé; les conditions nouvelles du commerce des livres le font gémir, la concurrence l'exaspère, il drape de la belle façon ses rivaux en librairie ; il ne parle de rien moins que d'imiter Renduel et de se mettre à travailler la terre ; il jure ses grands dieux de ne plus conclure aucune affaire et projette, pour se délasser, de lointains voyages en famille avec arrêt chez son ami de la Nièvre... Au milieu de tout cela, deux passages au moins valent d'être cités en entier : le premier sent diablement le *bousingo* ; mais qui donc ne l'était pas alors dans les lettres et combien frondaient ce pouvoir peu absolu qui le regrettèrent après !

Paris, 27 avril 1841.

Je reçois toujours vos lettres avec plaisir; mon cher Renduel ; elles me rappellent nos anciennes causeries et nos anciens jugements sur les hommes et sur les choses, lesquels sont toujours de saison, car l'espèce humaine ne se corrige guère et ne fait que varier ses sottises. Pour le fond, c'est toujours le même : des illusions à la place de la réalité ; la sottise de la vanité, etc., etc.

Oui, vous avez bien fait de quitter tout cela, vous

avez fait ce que tout homme de sens et de cœur
devrait faire, retourner à la vie simple et naturelle
des champs pour y jouir des trésors que la nature
prodigue à ceux qui savent la sentir et la comprendre
et laisser aux fous toutes les misères de la capitale.
Pour mon compte, c'est le vœu de tous mes instants,
et cette disposition est maintenant tout à fait partagée par ma femme.

Depuis l'affaire des fortifications surtout, cette disposition devient chaque jour plus forte. Je m'indigne
et me dégoûte de cet ignoble pays quand je vois cette
ceinture de fortifications qui se développe chaque
jour, quand je vois mon joli bois de Boulogne abîmé
de fond en comble. En ce moment, Paris et ses environs ressemblent à un immense camp retranché.
Ce sont des armes qui se forgent pour les tyrannies
futures, et vous pouvez être certain qu'elles ne resteront pas oisives. Louis-Philippe s'apprête à livrer
une bataille dont le succès ne me paraît pas douteux
pour lui, à cette époque de dégénérescence et d'apathie
morales. L'affaire de ses lettres nous a tous consternés ; on est ici frappé de stupeur et de stupidité.
C'est Robert Macaire dévoilé, comme me le disait hier
Edgar Quinet. J'avoue que je ne le croyais pas de
cette force-là...

9 décembre 1841.

Je n'entends plus parler de vous, mon cher Renduel,
et dès lors je vous écris, car vous finiriez peut-être
par m'oublier tout à fait. Que devenez-vous donc?
Vous deviez venir à Paris vers la fin du mois dernier
en compagnie de Mme Renduel et vous êtes resté, à
ce qu'il paraît, enfermé dans votre castel.

. . . .

Vous avez sans doute entendu parler du mariage

de J. J. avec la fille unique d'un avocat à la cour de cassation, lequel est riche d'un million, dit-on. La tête de J. J., qui n'est pas très forte, n'a pu tenir à ce grand événement, et il a fait des bouffonneries, des turpitudes qui laissent bien loin toutes celles de M. Jourdain et de Mascarille. Il avait été personnellement solliciter toutes les notabilités de Paris pour assister à son mariage, de sorte que Saint-Sulpice regorgeait de ce qu'il y a de plus illustre. *On marchait sur les pairs de France*, comme disait Rolle, du *National*. Il voulait qu'on sonnât les cloches de l'église à grande volée ; malheureusement cela n'est possible que pour les princes du sang royal et pour le bon Dieu. Ce vieux drôle de Desmonts, qui l'a marié, lui a fait un discours emphatique ainsi qu'à sa femme dans lequel il leur a jeté au nez de l'encens, à les rendre idiots tous les deux. La beauté, la grâce, l'esprit de la mariée, l'esprit, la vertu, le génie du marié, tout cela foisonnait au milieu des métaphores de ce vieux scélérat. Jésus-Christ n'a pas été plus encensé après sa mort. Enfin, pour le bouquet, mon J. J. a fait sur lui, sur son mariage, sur sa femme surtout, un feuilleton dans les *Débats*, qui est un chef-d'œuvre de niaiserie, d'impudence et de folie enfin. Ça dépasse tout ce qu'on peut imaginer. C'est une pièce curieuse et comme on n'en trouverait pas dans les *Mémoires* du temps de la Régence. Rolle lui a répondu dans *le National* par un article qui est un chef-d'œuvre de raison, de raillerie et d'esprit. Ç'a été un coup de massue qui, dans une société de gens honnêtes et bien élevés, aurait eu pour résultat de faire jeter J. J. à la porte de toutes les maisons. Mais le grand paillasse, qui connaît son temps, s'en est vengé par un bal féerique qu'il a donné dans les appartements de son beau-père, lequel habite le premier de la maison de

Crapelet. L'or, les diamants et les fleurs ruisselaient partout ; c'était un prodige enfin.

Me voilà bien médisant, direz-vous peut-être, mais vous savez ma vieille haine féroce contre tous ces coquins de la presse qui ont tout gâté et perdu en France, depuis qu'on leur a lâché la bride. Enfin je m'arrête, en vous priant de me donner de vos nouvelles et en vous serrant la main.

Tout à vous,

CHARPENTIER (1).

Parmi les lettres d'affaires adressées non plus au libraire, mais au campagnard, une seule est curieuse à connaître au point de vue dramatique et musical. Dès que Renduel eut décidé de se fixer à Beuvron, il

(1) Cette lettre si amusante appelle quelques renseignements rétrospectifs : 1º Le mariage de Jules Janin avec Mlle Huet fut célébré à Saint-Sulpice le 16 octobre 1841 ; l'article intitulé *le Mariage du Critique* parut dans les *Débats* du 18, et la réplique de Rolle : *Au Critique marié*, dans le *National* du 25. — 2º L'avocat Huet de Rouen, inscrit au tableau en 1837, admis comme avocat à la cour de cassation en 1841, demeurait effectivement au nº 9 de la rue de Vaugirard, où se trouvait l'importante imprimerie de Crapelet. — 3º Le « vieux scélérat » de Desmonts dont parle Charpentier n'était pas, comme on pourrait le croire d'après la suite des idées, le prêtre qui avait béni le mariage ; c'était le maire qui l'avait célébré, le maire du 11e arrondissement (mairie : rue Garancière nº 10) et ce Desmonts, avocat et décoré, avait son domicile rue Christine nº 3, en face de la librairie Renduel. Etait-ce en raison de ce voisinage, ou par désaccord politique ou pour quelque affaire du Palais, je ne sais, mais les deux libraires ne portaient certainement pas le dit Desmonts dans leur cœur.

mit tout en œuvre, son influence personnelle et ses relations, pour doter enfin le pays de voies carrossables et pour faire exécuter la jolie route qui remonte le cours sinueux du Beuvron, de Clamecy jusqu'à Brinon-lès-Allemands: ce chemin, très fréquenté aujourd'hui, fut si bien dû aux démarches incessantes du nouveau venu, que le seigneur suzerain de la Nièvre, Dupin, l'appelait souvent « le chemin de Renduel ». Lorsque celui-ci s'occupait, en 1840, de recueillir des souscriptions parmi les grands propriétaires auxquels cette route devait servir, il écrivit au duc de Praslin, pair de France, qui possédait des bois dans les environs, pour lui demander appui et souscription. Le duc avait alors pour secrétaire un compatriote de Renduel, nommé Marié de l'Isle, dont le fils venait de débuter comme ténor à l'Opéra. Ce bon père pensait volontiers que tout le monde avait les yeux fixés sur l'entrée d'un enfant du Morvan à l'Académie royale de musique; aussi dès qu'il a transmis à Renduel la réponse du duc, change-t-il subitement de sujet en laissant là chemin, argent, souscription pour ne plus parler que de son fils :

Je vous remercie, monsieur, des félicitations patriotiques que vous m'exprimez relativement à mon fils Mécène, elles me flattent autant que celles que me firent l'honneur de m'exprimer les deux princes avant-hier, à la deuxième représentation de *la Muette*, où ils étaient venus : les ducs de Nemours et d'Aumale. Mécène s'est en effet surpassé dans l'air aride, long et d'une difficulté incroyable du *Sommeil*, où il parcourt vingt-cinq notes du haut en bas par saccades diverses et où mille de nos premiers chanteurs ont échoué. Mais il avait besoin de ce grand succès, car à la première représentation de cet opéra, il a failli succomber et se trouver mal d'épuisement sur la scène, et cela par deux fortes émotions qu'il éprouva le jour même et deux heures avant de paraître. On venait de lui apprendre que sa cuisinière avait introduit deux hommes la nuit chez lui qui pouvaient l'assassiner pour le voler. Ce furent ces jeunes gens eux-mêmes qui dénoncèrent cette femme de mauvaise vie. La colère lui donna la fièvre, mal à la tête suivi d'un mal de gorge qui le mit dans un pitoyable état ; et il n'était pas possible de renvoyer trois mille personnes qui encombraient la salle de l'Opéra une heure avant le lever du rideau (1). Veuillez, je vous prie, lorsque vous irez à Clamecy, raconter cela à ma sœur, Mme Tillier, et lui dire que lundi et mercredi il jouera le quatrième opéra qui est *les Huguenots*, chef-d'œuvre de Meyerbeer, et qu'après cela on fermera l'Opéra pour remettre la salle à neuf, travail qui a été suspendu d'un mois à cause des

---

(1) Trois mille personnes! Notez que l'Opéra de la rue Lepeletier ne contenait que 1811 places, et jugez par là de la valeur des affirmations de l'excellent Marié de l'Isle, auquel l'amour paternel faisait perdre toute idée des nombres et des proportions.

débuts de mon fils, qui pendant ce mois auront rapporté près de 100 000 francs et conséquemment 16 000 aux pauvres, puisque le sixième des recettes est destiné à cette œuvre. Et c'est pourtant un Nivernais, et un Nivernais que vous exalterez davantage qu'un autre, puisqu'il est Morvandiot comme vous (1) !

Ces éloges ne devaient pas tomber dans l'oreille d'un sourd, car Renduel était un Morvandiot pur sang ; il avait gardé pour ce coin de terre une affection sans mélange, et lui, qui riait volontiers des gens trop faciles à s'attendrir, ne parlait jamais sans émotion des montagnes, des bois et des écrevisses du Morvan.

(1) Cette lettre est du 27 juin 1840. Marié le fils, père de Mmes Galli, Irma et Paola Marié avait débuté le 3 de ce mois à l'Opéra par le rôle d'Eléazar et avait reçu bon accueil : il eut cela de particulier durant sa longue carrière que sa voix devenant plus grave avec l'âge, il finit par chanter les rôles de baryton et de basse après avoir débuté à l'Opéra-Comique et à l'Opéra comme fort ténor.

CHAPITRE V

VICTOR HUGO

J'apprends tout à la fois, mon cher éditeur, que vous vous êtes battu, que vous avez été blessé, et que votre blessure est guérie. Si elle l'est, en effet, comme je l'espère, venez me voir un de ces soirs, dîner avec moi, par exemple. Si vous ne pouvez sortir, écrivez-moi comment vous allez. J'irais vous voir et m'informer de vos nouvelles, si je n'étais en plein travail, c'est-à-dire en prison dans une idée.

Votre ami,
Victor H.

Ce 4 juin.

Tel ce petit billet sans façon, tels cent autres ou deux cents qui n'ont d'autre prix que celui de la signature et qui pleuvaient tous les jours chez Renduel. Quand celui-ci mourut, un journal, le propre journal de Victor Hugo, *le Rappel,* parla de lui sur ce ton dégagé : « Les familiers de Victor Hugo prétendent qu'Eugène Renduel avait gagné 200 000 francs rien qu'avec *Notre-Dame de Paris*. Deux cent mille francs, c'était une grosse somme pour l'époque en question. Il a publié de bonnes, mais aussi de mauvaises choses. Dieu fasse paix à son âme! »

Cela demande explication. Victor Hugo étant de beaucoup le plus illustre entre tant d'écrivains célèbres édités à la librairie romantique par excellence, on croit généralement que c'est lui qui fit la fortune de Renduel : il n'en est rien. D'abord Hugo vendait ses ouvrages extrêmement cher en s'appuyant sur le grand succès remporté par ses premiers recueils de vers, bien avant que Renduel n'eût monté sa maison d'édition. Celui-ci, en effet, ne put avoir dès l'origine que trois des volumes de poésies : *les Feuilles d'automne, les Chants du Crépuscule* et *les Voix intérieures*, tandis qu'il mit en vente les premières éditions de cinq drames : *Marion Delorme, le Roi s'amuse, Lucrèce Borgia, Marie Tudor* et *Angelo*. J'ajouterai, pour être complet, les deux volumes de *Littérature et Philosophie mêlées*.

Renduel avait un intérêt évident à réunir en faisceau dans son magasin toutes les œuvres du poète, afin de devenir son éditeur exclusif, et il y arriva au prix de sacrifices pécuniaires qui n'étaient pas toujours suivis de bénéfices. Hugo se faisait payer également cher ses poésies et ses drames, mais autant les unes avaient de succès, autant les autres se vendaient mal, même *Marion*, même *le Roi s'amuse*, en sorte que le libraire perdait forcément d'un côté ce qu'il gagnait de l'autre. J'ai sous les yeux l'état des sommes comptées à Victor Hugo par Renduel du mois d'octobre 1835 à la fin de 1838, et le total de cette seule liste s'élève à 43 000 francs. Ce chiffre semblera peu considérable aujourd'hui, rapproché du prix exorbitant que le maître exigea pour *les Misérables* et *les Travailleurs de la mer*; c'était, au contraire, une somme extrêmement élevée, même répartie sur trois années, au temps où Gautier s'estimait trop heureux de céder *Mademoiselle de Maupin* pour quinze cents francs.

Il faut lire ces traités rédigés avec une minutie extrême et surchargés de ratures restreignant encore les droits du libraire, pour avoir une idée des conditions léonines que le poète imposait dès lors à ses éditeurs et dont il exigeait l'exécution à une minute, à un centime près. Le premier traité conclu avec Renduel, — celui pour *Marion Delorme*, signé le 20 août 1831, soit neuf jours après la première représentation au théâtre de la Porte-Saint-Martin, — est un des plus simples : l'éditeur avait le droit de tirer autant d'exemplaires qu'il voudrait par série de 500, en payant 2 francs par exemplaire à l'auteur qui paraphait tous les titres, les gardait chez lui, ne les livrait que contre argent donné d'avance, par série de 500, et devait rentrer dans sa propriété au bout d'un an. Les conditions sont sensiblement plus dures pour les quatre autres drames que Renduel acheta dès l'origine, mais, à quelques chiffres près, elles sont identiques pour *le Roi s'amuse, Lucrèce Borgia, Marie Tudor* et *Angelo* : je me réserve d'en reparler un peu plus loin.

Les quatre mille premiers exemplaires des *Feuilles d'automne* furent payés 6000 francs, toujours pour une seule année. Le poète ne traitant jamais que pour un délai très court, dès que cette période finissait, le

Victor Hugo, par Louis Boulanger

Frontispice pour les *Odes et Ballades* (*Ode à la Colonne*).
édition de 1828.

libraire se voyait forcé de signer de nouvelles conventions, ne fût-ce que pour empêcher l'auteur de porter telle ou telle œuvre à un autre éditeur qui, en donnant le livre à meilleur compte, aurait arrêté net le débit des exemplaires restant en magasin. Tous ces traités et renouvellements, accumulés à la file, atteignirent bien vite à un chiffre énorme qui montait toujours d'année en année. En 1835, le libraire paya 9000 francs le droit de réimprimer les *Odes et Ballades*, *les Orientales* et *les Feuilles d'automne*, pour dix-huit mois, et de vendre pendant un an les premiers exemplaires d'un nouveau recueil : *les Chants du Crépuscule*. Et dès que ce traité approche de sa fin, Renduel en signe un autre où il payait 11 000 francs le droit de republier les quatre recueils durant dix-huit nouveaux mois, ainsi que le volume à venir des *Voix intérieures* pendant une seule année.

Il n'est question ici que des poésies, mais les drames et les romans n'étaient pas oubliés. En février 1832, Renduel traitait avec Hugo pour réimprimer ses romans, publiés originairement par divers éditeurs : *Bug-Jargal, Han d'Islande, le Dernier Jour* d'un *Condamné* et *Notre-Dame de Paris* avec deux chapitres nouveaux (1). Les conditions étaient les mêmes pour tous ces ouvrages : quinze mois de délai, un franc par exemplaire, tirage de 1000 exemplaires, sauf pour *Bug-Jargal* réduit à 750. Si ces conventions n'étaient pas trop dures, c'est que Renduel, à ce qu'il m'a dit lui-même, avait regimbé contre les propositions d'Hugo qui ne demandait pas moins de 6000 à 8000 francs en raison du grand succès de *Notre-Dame*, publiée auparavant chez Gosselin. Au mois de mai de la même année 1832, l'éditeur s'engageait, par traité écrit en entier de la main d'Hugo, à publier *Littérature et Philosophie mêlées* à 2000 exemplaires et avec dix-huit mois de délai, en payant 6000 francs s'il y avait

---

(1) C'est alors que Renduel fit sa magnifique édition de *Notre-Dame* avec douze belles gravures de Boulanger, de Raffet, de Camille Rogier, de Tony et d'Alfred Johannot. Cette édition était en trois volumes in-8°, mais l'éditeur s'était expressément réservé le droit de publier deux mille exemplaires (sur les onze mille) en un seul volume, genre keepsake anglais, pour le jour de l'an. Renduel avait fait tirer pour lui, sur grand papier de Chine, chacune de ces deux éditions ; elles sont aujourd'hui en ma possession, ainsi que la collection complète des douze gravures avant la lettre et sur papier fort à très grandes marges.

deux volumes et 3000 s'il n'y en avait qu'un : il y en eut deux.

Enfin en juillet 1835, Renduel, qui avait déjà tant à payer à Hugo pour ses poésies, œuvres critiques ou romans, concluait avec lui un nouveau traité en vue de rééditer *Notre-Dame de Paris*, toujours en trois volumes et à 11 000 exemplaires, puis la collection de ses sept drames depuis *Cromwell* et *Hernani* (1) jusqu'à *Angelo*, en six volumes (*Marie Tudor* et *Angelo* n'en formant qu'un) et à 3300 exemplaires. Pour écouler cette énorme quantité de livres, il avait trois ans et demi pour le roman et seulement dix-huit mois pour les drames ; enfin il payait à l'auteur la bagatelle de 60 000 francs, dont 10 000 comptant et le reste échelonné jusqu'à la fin de décembre 1838. Arrivé à ce point, Renduel s'aperçut qu'en suivant plus longtemps cette progression incessante, il irait droit à la ruine : il jugea donc prudent de

---

(1) La première édition de *Hernani* avait paru chez Mame en 1830. Étourdi par le bruit qu'on faisait autour de ce drame, le libraire, à ce que m'a dit Renduel, avait fait la folie de le payer 6 000 francs. Ce fut autant de perdu, la vente ayant couvert tout juste les frais de publication.

LETTRE DE VICTOR HUGO A RENDUEL
(17 octobre 1832).

s'arrêter, et quand parurent *Ruy Blas* et *les Rayons et les Ombres*, il passa la main à Delloye (1).

Victor Hugo faisait volontiers largesse de ses ouvrages, parfois même en les revêtant d'une reliure assortie, et l'on tenait soigneusement compte à la librairie des exemplaires et des frais de reliure à porter au débit de l'auteur ; mais il ne paraît pas que Renduel les réclamât très vivement, le moment venu, car je possède une facture dressée pour tous les exemplaires que le poète avait pris ou fait relier de novembre 1835 à janvier 1837, et elle est restée telle quelle entre les mains du libraire : elle s'élève à 239 volumes et à 179 francs de reliure. Quelques détails curieux : le 20 août 1836, Victor Hugo faisait envoyer

(1) A ce moment-là, d'ailleurs, toutes les œuvres antérieures de Victor Hugo, portant l'indication des deux librairies Renduel et Delloye, subirent un rabais considérable, de moitié ou même des deux tiers, selon qu'elles étaient de vente plus ou moins facile. On en trouve le détail dans les journaux du temps : *Notre-Dame*, en trois volumes, se vendait 12 francs au lieu de 22 fr. 50 ; chaque volume de poésies, 4 francs au lieu de 7 fr. 50 et 8 francs ; chaque drame, 2 fr. 50 au lieu de 7 fr. 50 et 8 francs, etc. On voit que cette diminution confirme ce que Renduel m'a dit sur le débit très lent des drames et ouvrages en prose, comparé à celui des poésies et de *Notre-Dame de Paris*.

au curé de Fourqueux ses œuvres complètes en vingt volumes, reliés pour 40 francs : c'est à Fourqueux, près Saint-Germain-en-Laye, que la famille Hugo allait en villégiature et que la jeune Léopoldine Hugo fit sa première communion. Le 22 mars 1837, il adressait ses *Feuilles d'automne*, brochées, à Henri Journet, et le 2 avril ses deux volumes d'*Odes et Ballades* brochés, à Auguste Vacquerie. Le 17 du même mois, Auguste de Châtillon était gratifié des six volumes de drames, brochés, et le 23, Mlle Taglioni recevait en hommage *Notre-Dame de Paris* en trois volumes, reliés pour 8 francs ; enfin, le 18 mai Bernard de Rennes recevait à la fois *Han d'Islande* et les *Odes*, *Cromwell* et *Hernani*, brochés. Le 18 juillet 1837, Hugo adressait à M. de Féletz *les Voix intérieures*, brochées, et le 31 du mois de juin, il avait fait le même cadeau à Chateaubriand. Voilà pour les envois les plus significatifs.

Une révélation toute littéraire pour clore ces questions d'intérêt, qui ont bien leur importance quand il s'agit d'ouvrages de cette valeur. J'ai vu, de mes yeux vu, le traité en date du 25 août 1832, par lequel

Victor Hugo s'engageait à réserver à Renduel les trois mille premiers exemplaires d'un grand roman intitulé *le Fils de la Bossue* aux conditions antérieurement stipulées pour d'autres ouvrages avec Renduel ou Gosselin. Rien que deux articles, le second atténuant le premier en établissant qu'aucun délai n'était fixé à l'auteur pour la remise du manuscrit. Renduel, on le sait, n'eut jamais à publier *le Fils de la Bossue*, non plus que *la Quiquengrogne* ou que *le Manuscrit de l'Évêque*, pour lequel il avait pareil engagement de l'auteur et qui devint l'épisode de l'évêque Myriel dans *Fantine*, des *Misérables*. Lorsque l'éditeur Lacroix traita avec Hugo pour *les Misérables*, il fut averti par l'auteur qu'il devrait s'entendre avec Renduel pour racheter le droit de publication des deux premiers volumes; mais il n'en coûta pas à Lacroix la grosse somme de trente mille francs, comme on l'a dit un jour, en plus des droits payés à Victor Hugo. La négociation fut des plus faciles ; Lacroix alla trouver Renduel dans sa retraite de la Nièvre et l'entente se fit rapidement entre eux, sans débat d'aucune sorte : Renduel

VICTOR HUGO
D'après une lithographie de Léon Noël (1832).

reçut en tout et pour tout 8000 francs (1).

J'arrive au *Roi s'amuse*, sur lequel il convient d'insister.

J'ai dit plus haut que les traités conclus par Hugo avec Renduel pour *le Roi s'amuse, Lucrèce Borgia, Marie Tudor* et *Angelo* étaient comme identiques. En voici les conditions principales : tirage à 2000, plus 200 de mains de passe et 50 réservés pour l'auteur ; — tous les exemplaires devant être revêtus de la

(1) A propos de *la Quiquengrogne*, on lit ce qui suit dans la *Revue de Paris* (n° de septembre 1832) : « M. Victor Hugo, dont le dernier drame, *le Roi s'amuse*, est en répétition, doit publier cet automne un nouveau volume de poésies et deux romans. Le premier, qui a pour titre *la Quiquengrogne*, a été acheté 15 000 francs par les libraires Charles Gosselin et Eugène Renduel. Ce titre a quelque chose de bizarre. Qu'est-ce que *la Quiquengrogne* ? Nous avons entendu faire déjà si souvent cette question que nous sommes heureux de pouvoir répondre par un document à peu près officiel. Voici l'extrait d'une lettre de M. Victor Hugo lui-même à ses éditeurs : « La « *Quiquengrogne* est le nom populaire de l'une des tours « de Bourbon-l'Archambault. Le roman est destiné à « compléter ses vues sur l'art du moyen âge, dont *Notre-* « *Dame de Paris* a donné la première partie. *Notre-Dame* « *de Paris*, c'est la cathédrale ; *la Quiquengrogne*, ce « sera le donjon. L'architecture militaire, après l'archi- « tecture religieuse. Dans *Notre-Dame* j'ai peint plus par- « ticulièrement le moyen âge sacerdotal ; dans *la Qui-* « *quengrogne*, je peindrai plus spécialement le moyen « âge féodal, le tout selon mes idées, bien entendu, qui, « bonnes ou mauvaises, sont à moi. *Le Fils de la Bossue* « paraîtra après *la Quiquengrogne* et n'aura qu'un « volume. » — *La Quiquengrogne* et *le Fils de la Bossue*, autant en emporta le vent.

griffe de Victor Hugo ; — mise en vente dix jours seulement après la première représentation, sauf consentement de l'auteur pour abréger ce délai ; — l'auteur rentrant de droit dans sa propriété au bout d'une année à dater de la mise en vente, ou même auparavant, si les deux mille exemplaires étaient épuisés avant ce délai ; — comme prix, enfin, 4000 francs, toujours échelonnés en quatre termes, variables, selon les traités, mais ainsi fixés pour *le Roi s'amuse* : 1000 francs comptant, 1000 le lendemain de la mise en vente, et 2000 en deux billets, l'un à six, l'autre à douze mois de l'acte signé.

Dans le traité visant *le Roi s'amuse*, — et seulement dans celui-là, — un article additionnel, prévoyant le cas où la censure interdirait la représentation du drame, annulait le traité dans cette hypothèse et portait que l'auteur serait tenu de restituer à l'éditeur l'argent et les billets reçus. Cela prouve absolument que Victor Hugo, qui joua si bien la surprise et la colère indignée après l'interdiction, pressentait ce coup dès le 30 août 1832, jour où fut signé le traité avec Renduel, c'est-à-dire à une époque

Timbre particulier.

N° d'ordre.
N. 886 bis

Cè 10 Février 1836

Le Président de la Chambre des Députés et Madame Dupin ont l'honneur d'inviter M. le Bon Victor Hugo & Madame la Baronne Hugo, au Bal qu'ils donneront, le Jeudi vingt-cinq Février, à l'hôtel de la Présidence, rue de l'Université, N° 118, à huit heures.

Ce Billet devra être remis à l'Huissier de service.

FACE ET ENVERS D'UNE INVITATION
par le président de la

ADRESSÉE A VICTOR HUGO
Chambre des députés.

où les pourparlers avec la Comédie-Française étaient à peine entamés : en effet, c'est seulement dans sa lettre du 7 septembre au baron Taylor que Victor Hugo prend jour pour aller lire sa pièce à la Comédie, et qu'il ébauche une distribution des rôles.

L'ouvrage fut interdit comme Hugo le prévoyait, comme il l'espérait peut-être. Et cependant Renduel, loin d'user du droit qu'il avait de répéter l'argent ou les billets déjà remis au poète, le paya intégralement. Le 5 septembre, soit six jours après le traité signé, Hugo lui donnait quittance « de la somme de trois mille francs, en mille francs comptant et deux billets de mille francs chacun, payables l'un en février, l'autre fin août prochain », ce qui était strictement conforme au traité. Puis le 5 décembre, — soit le lendemain de la mise en vente et malgré l'interdiction, — Renduel lui payait les mille francs encore dus et recevait en échange un reçu définitif des quatre mille francs stipulés pour prix du *Roi s'amuse*... Est-il beaucoup d'éditeurs qui en eussent fait autant (1) ?

(1) Ces chiffres, tirés de papiers insdiscutables, font bonne justice de la fable inventée par Hugo, sans mauvaise

Voici maintenant trois lettres se rapportant au procès du *Roi s'amuse*. Une seule est datée, mais il n'est pas malaisé de placer les deux autres à leur rang exact. Elles furent, toutes les trois, écrites entre l'interdiction du drame au Théâtre-Français (23 novembre 1832) et l'audience du Tribunal de Commerce (19 décembre) où l'auteur, ayant Odilon Barrot comme conseil, présenta lui même la défense de sa pièce et de ses intérêts. Le poète était déjà passé maître en l'art si délicat de la réclame; il en maniait les ressorts avec un art infini, mettant son éditeur en avant pour se couvrir lui-même et lui recommandant bien de faire recopier les notes qu'il adressait aux journaux, de peur que son écriture ne fût reconnue.

intention, je m'imagine, et transcrite par son secrétaire, M. Richard Lesclide, dans les *Propos de Table de Victor Hugo*. D'après lui, Renduel devait tirer *le Roi s'amuse* à deux mille exemplaires (ce qui est exact) et payer un franc l'exemplaire (ce qui est faux); seulement Renduel aurait déclaré un tirage de vingt mille au ministère de l'intérieur, et Victor Hugo, instruit par hasard du fait se serait fait délivrer par Renduel confus un bon de 20 000 francs, représentant juste un franc par exemplaire. Ce n'est pas 20 000 francs qu'il toucha, mais 4000 francs, soit exactement le prix convenu pour les deux mille exemplaires, et cela par pure générosité de son éditeur.

Première lettre :

J'ai vu hier au soir Carrel, tout est convenu. Il a été excellent. Je vous conterai la chose en détail. Sainte-Beuve peut faire l'article comme il le voudra et le porter aujourd'hui avec le fragment de préface. Carrel mettra tout. Carrel veut en outre un grand article politique pour un de ces jours sur l'affaire. Vous savez que c'est Odilon Barrot qui plaidera pour moi : venez me voir.

Voici quelques lignes pour le *Journal des Débats*, qu'un de nos amis m'a fait (*sic*) hier au soir. Elles sont en trop grosses lettres, ce qui serait ridicule. Vous ferez bien de les recopier et de les porter tout de suite.

Tout à vous,

Victor H.

Aux *Débats*, au *National* — et ailleurs. Car, durant les trois semaines qui s'écoulèrent entre l'arrêté ministériel et le jugement commercial, de petites notes bien senties plurent dans les bureaux de rédaction, et les feuilles de l'opposition négligeaient la guerre et le siège d'Anvers pour publier des réclames dans le goût de celle-ci : « *Le Roi s'amuse*, drame de M. Victor Hugo, dont les représentations ont été défendues par ordre du ministre, paraîtra lundi sans remise à la librairie d'Eugène

Renduel. *On assure que plus de mille exemplaires sont retenus d'avance.* »

Deuxième lettre, du lundi 3 décembre :

Voyez Sainte-Beuve et les journaux.

Tâchez, mon cher éditeur, de venir demain à dix heures, déjeuner avec moi. J'ai mille choses importantes à vous dire. Il faudrait que nous allassions ensemble chez votre agréé pour que l'assignation au Théâtre soit donnée dès demain. Tout cela est convenu avec Odilon Barrot, que j'ai vu ce matin.

Apportez-moi en même temps :

Un exemplaire du *Roi s'amuse*, un exemplaire de *Notre-Dame de Paris*, pour Bernard de Rennes qui s'est si puissamment entremis dans l'affaire ;

Un exemplaire du *Roi s'amuse*, un exemplaire de *Marion de Lorme*, pour Odilon Barrot.

Je crois que nous allons faire un bruit du diable.

La troisième et dernière lettre est du lundi 17 décembre, avant-veille de l'audience.

C'est mercredi que je plaide.

Je crois, mon cher éditeur, qu'il est important pour vous, pour moi, pour le retentissement du livre et de l'affaire, que la chose soit énergiquement annoncée la veille par les journaux. Voici sept petites notes que je vous envoie, en vous priant d'user de toute votre influence pour qu'elles paraissent demain dans les sept principaux journaux de l'opposition. Vous ferez bien de les porter vous-même et d'en surveiller un peu l'insertion. Faites-en d'autres copies et ajoutez-y une ligne pour votre livre, si vous voulez. Je me repose de ceci sur vous, n'est-ce pas? Vous comprenez combien c'est important. Répondez-moi un mot et venez donc dîner avec moi un de ces jours.

Votre ami,

Victor Hugo.

Voudrez-vous aussi remettre à la bonne *six* exemplaires du *Roi s'amuse* sur mon reste?

Les notes sus-indiquées furent immédiatement données aux journaux d'opposition, qui les publièrent tous le 18 décembre, au matin. Voici celle insérée au *Courrier français* :

C'est décidément mercredi 19, à midi, que sera appelé, devant le Tribunal de Commerce, le procès de M. Victor Hugo contre la Comédie-Française pour *le Roi s'amuse*. M. Odilon Barrot plaidera l'ouvrage si illégalement arrêté par le ministère. *M. Victor Hugo compte prendre aussi la parole.* Le succès de lecture que le drame obtient et la mesure arbitraire du gouvernement donnent à cette audience un grand intérêt de curiosité.

Ce devait être là la rédaction-type, ce journal étant le plus serviable de tous envers Hugo et son éditeur; mais il suffisait d'y changer quelques mots pour dissimuler l'origine commune : on ne fera pas mieux soixante ans plus tard.

Victor Hugo avec son fils François-Victor, par Auguste de Châtillon (1836).

Une des dernières fois que Renduel passa par Paris, il dînait avec sa femme au restaurant Magny lorsque Gautier vint à entrer. Les deux amis, ravis de se revoir, entamèrent alors une longue causerie à bâtons rompus, parlant de leur jeune temps avec une volubilité extrême, évoquant à la file le souvenir de tant d'amis morts ou perdus dans la foule. « Vous souvient-il, dit tout à coup Gautier, qu'autrefois, chez Victor, le rôti était toujours brûlé ? — Certes oui, on l'attendait tandis qu'il s'oubliait chez Juliette. » Hugo demeurait alors au n° 6 de la place Royale (aujourd'hui place des Vosges), et la belle actrice de la Porte-Saint-Martin, tout auprès, rue du Pas-de-la-Mule (aujourd'hui rue des Vosges, entre la place des Vosges et le boulevard Beaumarchais). Ces dîners d'Hugo n'avaient rien de cérémonieux ; ils étaient le plus souvent improvisés pour prolonger la causerie commencée. Les convives étaient d'habitude quelques visiteurs retenus par la maîtresse de la maison et qui se faisaient un devoir de rester par égard pour Mme Hugo, ainsi délaissée par son mari : celui-ci s'attardait souvent de deux heures, et le dîner reculait d'autant. Un jour que Renduel hésitait à rester, prévoyant le retard habituel et le jugeant trop long pour son estomac : « N'ayez pas peur, lui dit Mme Hugo pour le garder auprès d'elle ; le dîner sera exact ; Victor reviendra sûrement de bonne heure, il me l'a promis. » Renduel demeura : ce soir-là, on ne dîna qu'à neuf heures.

La liaison d'Hugo avec Juliette Drouet (de ses vrais noms Julienne-Joséphine Gauvain) ne faisait alors que de commencer ; elle a duré, comme on sait, jusqu'au dernier jour, la maîtresse ayant complètement supplanté l'épouse auprès du poète et n'ayant cessé de demeurer avec lui, même en exil. Mais dès l'origine de ces relations, Mme Hugo n'en était plus à faire son apprentissage des caprices galants de son mari ; elle les connaissait mieux que personne et s'y résignait, tant était grande son admiration, sa dévotion pour le maître et l'époux. Hugo était dans le plus fort de sa passion pour Juliette, lorsque sa fille Léopoldine, qui fut plus tard Mme Charles Vacquerie, atteignit l'âge de la première communion. Les Hugo passaient l'été à Fourqueux et voulurent faire de cette cérémonie, fixée au 8 septembre 1837, une véritable fête de famille, où tous les amis seraient conviés, Renduel et Gautier en première ligne. Aussitôt après le dîner, le maître de la maison s'éclipse, et l'on apprend bientôt qu'il a couru prendre la voiture de Paris. Les convives se récrient sur cette fuite inattendue : Hugo, disent-ils, aurait bien pu les attendre et revenir avec eux ; mais ils se rappellent bientôt que toutes les places de la diligence étaient retenues dès le matin et qu'eux-mêmes n'en avaient pu louer que pour le dernier départ. « Ne faites pas attention, leur dit tristement Mme Hugo, Victor saura bien se tirer d'embarras ; vous n'avez pas pu avoir de places pour vous, il saura en trouver une à tout prix pour aller où il va. »

Tous les amis de la maison déploraient l'abandon où Hugo laissait sa femme, et tous auraient pu le lui reprocher, tous hormis celui qui avait profité de ses absences pour s'installer en son lieu et place (1). Et

(1) On ne se permettrait pas de faire allusion à ces relations si Sainte-Beuve lui-même ne les avait contées par le menu dans un recueil de poésies imprimé plus tard pour quelques amis, on ne sait trop à combien d'exemplaires. Ce volume, sans nom d'auteur ni d'éditeur, porte simplement pour titre : *Livre d'amour*, Paris, 1843, avec cette épigraphe de Dante en regard : *Amor ch'a nullo amato amor perdona*. Sainte-Beuve, par la suite,

ce fut celui-là qui parla. Sainte-Beuve, un beau jour, — c'était en 1835, lorsque *les Chants du Crépuscule* parurent chez Renduel, — ne se tint plus de colère en voyant le poète confondre dans la même page l'éloge de sa famille et celui de sa maîtresse, chanter alternativement les joies du foyer domestique et les enivrements de l'amour en des pièces brûlantes du souvenir de Juliette. Il devait parler de ce nouvel ouvrage à la *Revue des Deux Mondes*, et la moindre convenance lui commandait de s'abstenir ; il n'en fit rien et résolut, au contraire, de souligner combien il était scandaleux de mettre en quelque sorte sous la protection de la femme légitime, par la pièce finale à elle adressée, un livre tout imprégné de la

---

détruisit ce livre et recommanda à ses amis de brûler les exemplaires qu'ils retrouveraient, mais il ne put pas se résigner à le sacrifier en entier et republia plus de la moitié des pièces — 25 sur 45 — dans les deux volumes de ses *Poésies complètes* (Michel Lévy, 1863). Livre rare s'il s'en fut que ce *Livre d'amour* et dont quelques exemplaires ont passé en vente dans ces derniers temps à des prix très élevés. M. Pons en a tiré bon profit pour deux ou trois chapitres de son curieux livre : *Sainte-Beuve et ses inconnues* (chez Ollendorff, 1879) et M. E. Lemaître, un bibliophile avisé, a publié récemment à ce sujet une brochure intéressante, avec une lettre-préface d'Arsène Houssaye et un autographe de Sainte-Beuve (*Le Livre d'amour*, Reims, chez Michaud, 1895).

passion la plus vive pour la maîtresse. Il écrivit alors et fit paraître un article, véritable modèle de louange circonspecte et de critique acerbe, où il multipliait les restrictions sur le développement du génie poétique d'Hugo, lui qui avait proclamé si haut ses étonnantes facultés créatrices dans un précédent compte rendu des *Feuilles d'Automne*. Il y avait déjà quatre ans de cela et l'admiration du critique avait diminué en même temps que l'estime de l'ami. Il s'agissait d'ailleurs pour lui d'aboutir à ce paragraphe, où l'allusion est à peine voilée et porte à chaque coup :

« ... Les douze ou treize pièces amoureuses, élégiaques, qui forment le milieu du recueil dans sa partie la plus vraie et la plus sincère sont suivies de deux ou trois autres, et surtout d'une dernière, intitulée *Date lilia*, qui a pour but, en quelque sorte, de couronner le volume et de le protéger. Littérairement, ces pièces finales, prises en elles-mêmes, sont belles, harmonieuses, pleines de détails qui peuvent sembler touchants. En admirant dans le voile l'éclat du tissu, il nous a paru toutefois qu'il y a eu parti pris de le broder de cette façon pour

JOURNAL
DES
IDÉES
DES
OPINIONS
ET DES
LECTURES
D'UN
JEUNE JACOBITE
DE
1819.

Titre du Journal d'un jeune Jacobite de 1819
avec bon à tirer de Victor Hugo.

l'étendre ensuite sur le tout. Cette mythologie d'*anges*, qui a succédé à celle des *nymphes*, les *fleurs de la terre* et les *parfums des cieux*, un excès même de charité aumônière et de petits orphelins évoqués, tout cela nous a paru, dans ces pièces, plus prodigué qu'un juste sentiment de poésie domestique n'eût songé à le faire. On dirait qu'en finissant l'auteur a voulu jeter une poignée de lis aux yeux. Nous regrettons que l'auteur ait cru ce soin nécessaire. L'unité de son volume en souffre; son titre de *Chants du Crépuscule* n'allait pas jusqu'à réclamer cette dualité. Le même manque de tact littéraire (au milieu de tant d'éclat et de puissance!) qui plus haut, nous l'avons vu, lui a fait comparer l'harmonie de l'orgue à *l'eau d'une éponge* et parler du sourire *fatal* de la résignation à propos de Pétrarque, lui a inspiré d'introduire dans la composition de son volume deux couleurs qui se heurtent, deux encens qui se repoussent. Il n'a pas vu que l'impression de tous serait qu'un objet respecté eût été mieux honoré et loué par une omission entière. »

Cet article jeta Victor Hugo dans une violente colère, et un duel faillit s'ensuivre entre le critique et le poète. Celui-ci ne tarissait pas sur la défection de Sainte-Beuve, et contait partout ses griefs contre celui qui osait bien dire que *les Chants du Crépuscule* manquaient « d'harmonie et de délicate convenance (1) ». Les propos de Sainte-Beuve, d'autre part, n'étaient pas faits pour apaiser la querelle, encore qu'il ne s'exprimât pas avec tout le monde aussi violemment qu'avec Renduel. « Cette immoralité est honteuse, clamait-il tout rouge, et bien que j'aie été autrefois l'ami d'Hugo, je lui flanquerais volontiers ma main par la figure. » Mme Hugo, de son côté, s'épanchait avec Renduel, son confident habituel dans la peine, et le suppliait de tout mettre en œuvre afin d'empêcher un duel probable et prochain. Renduel la calmait de son mieux ; mais les deux ennemis, surtout le critique, était toujours très montés l'un contre l'autre. Ils se rencontrèrent un jour chez Villemain, alors ministre de l'Instruction publique, et Sainte-Beuve évita de se trouver près d'Hugo : « Je lui aurais lancé quelque chose à

---

(1) Cet article, qui parut à la *Revue des Deux Mondes* en novembre 1835, se retrouve en entier dans le premier volume des *Portraits contemporains* (Paris, Didier, 1846).

la tête! » disait-il avec une emphase terrible. Il s'exagérait d'ailleurs et sa vaillance et le danger; il s'en fut trouver Renduel et lui remit non sans émotion un paquet cacheté renfermant des manuscrits et son testament, avec mission de l'ouvrir si le malheur voulait qu'il fût tué par Hugo. Renduel reçut gravement ce dépôt, mais chercha à rassurer le fougueux critique : » Est-ce qu'un duel est possible entre vous deux, entre *deux poètes*? » Là-dessus, Sainte-Beuve s'en alla, tout ragaillardi.

Et ce duel entre « deux poètes » n'eut pas lieu, pas plus que celui dont Hugo, précédemment, avait été menacé par Vigny. Voici dans quelles circonstances : Buloz, en ce temps-là, — car les choses changèrent un peu par la suite — traitait fort bien l'auteur d'*Eloa* et donnait volontiers des extraits de ses nouveaux ouvrages, mais il se gardait d'en faire autant pour Victor Hugo. Celui-ci se plaignait un jour en termes peu flatteurs pour Vigny, qu'il semblait rejeter au dernier rang; alors Buloz lui expliqua avec sa rudesse habituelle les motifs de la réserve qu'il gardait à son égard : s'il ne publiait jamais de fragment de ses ouvrages, lui dit-il tout net, c'est qu'il était assuré de recevoir le lendemain une quittance à solder, et qu'il n'avait pas l'habitude de payer les services qu'il rendait. Cette conversation aurait dû rester secrète ; mais le monde littéraire est aussi bavard que curieux. Finalement, les propos désobligeants d'Hugo revinrent à Vigny, qui, en sa qualité d'ancien officier, voulut en tirer réparation par les armes ; mais cette ferraillade aurait été extravagante, et les témoins, dont Renduel, traînèrent si bien les choses en longueur que Vigny finit par se calmer, sans avoir seulement égratigné son détracteur (1).

Je reviens à Juliette. Elle était, paraît-il,

---

(1) La rupture de Sainte-Beuve avec Hugo a inspiré à Henri Heine une de ses facéties les plus plaisantes :
«... Presque tous ses anciens amis l'ont abandonné (Victor Hugo), écrit-il à Auguste Lewald en mars 1838, et, pour dire la vérité, l'ont abandonné par sa faute, blessés qu'ils étaient par cet égoïsme, très nuisible dans le commerce social. Sainte-Beuve lui-même n'a pu y résister ; Sainte-Beuve le blâme aujourd'hui, lui qui fut jadis le héraut le plus fidèle de sa gloire. Comme en Afrique, quand le roi de Darfour sort en public, un panégyriste va criant devant lui de sa voix la plus éclatante : « Voici « venir le buffle, véritable descendant du buffle, le tau- « reau des taureaux ; tous les autres sont des bœufs : « celui-ci est le seul véritable buffle ! » Ainsi Sainte-Beuve, chaque fois que Victor Hugo se présentait au public avec un nouvel ouvrage, courait jadis devant lui, embouchait la trompette et célébrait le buffle de la poésie. »

d'une beauté accomplie, et Gautier a tracé d'elle, dans l'ancien *Figaro*, un brillant portrait qui finissait ainsi : « Le col, les épaules, les bras sont d'une perfection tout antique chez mademoiselle Juliette; elle pourrait inspirer dignement les sculpteurs et être admise au concours de beauté avec les jeunes Athéniennes qui laissaient tomber leurs voiles devant Praxitèle méditant sa *Vénus*. » Sa principale création fut la princesse Negroni, de *Lucrèce Borgia*, et Théophile assure qu'elle y jeta « le plus vif rayonnement ». Hugo, de son côté, termine ainsi ses remerciements aux acteurs : « Certains personnages du second ordre sont représentés à la Porte-Saint-Martin par des acteurs qui sont du premier ordre et qui se tiennent avec une grâce, une loyauté et un goût parfaits dans le demi-jour de leurs rôles. L'auteur les en remercie ici. Parmi ceux-ci, le public a vivement distingué mademoiselle Juliette. On ne peut guère dire que la princesse Negroni soit un rôle : c'est, en quelque sorte, une apparition. C'est une figure belle, jeune et fatale, qui passe, soulevant aussi son coin du voile sombre qui couvre l'Italie au XVIe siècle.

Mlle Juliette Drouet
D'après une lithographie de Léon Noël (1832).

Mademoiselle Juliette a jeté sur cette figure un éclat extraordinaire. Elle n'avait que peu de mots à dire, elle y a mis beaucoup de pensée. Il ne faut à cette jeune actrice qu'une occasion pour révéler puissamment au public un talent plein d'âme, de passion et de vérité. »

Quelques mois après, Hugo confiait à M{}^{lle} Juliette le rôle important de Jane dans *Marie Tudor*; mais cette fois la comédienne fut tellement inférieure à sa tâche qu'elle dut, sous prétexte d'indisposition, céder le personnage à M{}^{lle} Ida, et cela dès le second soir : « L'actrice qui remplissait le rôle de Jane, écrit méchamment la *Revue de Paris*, l'a cédé, ce qui l'a beaucoup *indisposée*, à M{}^{lle} Ida... » Mais l'auteur consola sa bien-aimée, de cette déconvenue en proclamant pour les âges futurs « qu'elle avait montré dans ce rôle un talent plein d'avenir, un talent souple, gracieux, vrai, tout à la fois pathétique et charmant, intelligent et naïf ».

C'est à cette époque, ou peu s'en faut, que se rapportent les trois billets suivants adressés à Renduel, dont deux sont de la main d'Hugo :

Voici les quelques lignes que vous m'avez promis de faire passer au *Courrier français*. Je compte sur votre bonne amitié.

V. H.

Mlle Juliette, cette jeune artiste pleine de beauté et de talent, que le public a si souvent applaudie à la Porte-Saint-Martin, est sur le point de quitter ce théâtre. Plusieurs administrations dramatiques lui font en ce moment des offres d'engagement. Il est probable que c'est à la Comédie-Française que Mlle Juliette donnera la préférence. Son talent, si digne et si intelligent, l'appelle à notre premier théâtre.

Renduel envoya cette note au journal, — non sans l'avoir fait copier pour ne pas compromettre Hugo, — et quelques jours après il recevait la réponse suivante, en date du 1er février :

Mon cher ami,

Il m'est impossible de mettre la note que vous m'avez envoyée dans le *Courrier*. Quand je vous verrai, je vous expliquerai les nombreux motifs de cette *impossibilité*. L'un d'eux est la crainte de choquer un de mes collaborateurs qui porte, dans ses articles *Théâtres*, un jugement tout différent sur la personne. Chez nous, tous les collaborateurs sont amis et s'entendent entre eux ; ils sont, je puis le dire, consciencieux : ainsi il ne serait pas bien de se mettre en contradiction aussi ouverte.

Dans toute autre circonstance, je suis votre tout dévoué,

MOUSSETTE.

Remarquez la date de la réponse (1er février) ; rappelez-vous qu'*Angelo* fut joué à la Comédie-Française le 28 avril 1835, un an et demi après *Marie Tudor*, et vous saurez en quelle année cette lettre fut écrite ; vous comprendrez pourquoi le poète tenait tant à faire entrer Juliette aux Français : c'était pour lui confier quelque rôle, peut-être celui de la camériste Dafné qui fut créé par Mlle Thierret, alors toute jeune et toute mignonne. Hugo n'arriva pas alors à ses fins, mais, plus tard, Mlle Juliette obtint de tenir dans *les Burgraves* le rôle de la nourrice Edwige qui n'a qu'un mot à dire, un seul. Et l'auteur, cette fois, quand il adressa des éloges imprimés aux interprètes, n'osa pas lui faire le moindre compliment : le beau temps de la « princesse Negroni » était loin.

CHAPITRE VI

JULES ET PAUL LACROIX.
EUGÈNE DE MONGLAVE. — LOUIS DE MAYNARD.
PÉTRUS BOREL. — F. DE LAMENNAIS.

Au premier rang des écrivains qui alimentèrent la librairie Renduel et qui, aidant à son succès, profitèrent de sa vogue, figurent les frères Lacroix. Ce sont peut-être eux qui, après Hugo, ont fourni à Renduel le plus grand nombre d'ouvrages ; mais, que ce fût accord formel ou convention tacite, chacun d'eux paraissait s'être approprié un genre spécial et l'exploitait à l'exclusion de l'autre. Tous les deux appartenaient au romantisme le plus ardent, mais Jules Lacroix choisissait de préférence ses sujets de romans dans le monde contemporain, tandis que Paul, mettant à contribution toutes les époques de l'histoire de France depuis le moyen âge jusqu'à la Restauration, jetait en pâture aux lecteurs un nombre infini de productions mélodramatiques. De 1833 à 1835, Jules Lacroix fournit chaque année à Renduel un roman à sensation, dont le titre seul était un appât pour les gens avides d'émotions violentes : *Une Grossesse* d'abord, puis *Corps sans âme*, enfin *Une Fleur à vendre*. Mais qu'étaient-ce que trois romans — cinq volumes en tout — auprès de l'énorme bagage, auprès des dix, vingt, trente histoires, plus pathétiques, plus terrifiantes les unes que les autres, écrites par Paul Lacroix tant sous son propre nom que sous le pseudonyme demeuré célèbre du Bibliophile Jacob ?

C'est sous ce nom d'emprunt qu'il avait produit en 1829 ces *Soirées de Walter Scott* qui avaient assuré le succès de l'entreprise de Renduel. Ce fut encore sous ce masque transparent qu'il publia à la même librairie *les Deux Fous, histoire du temps de François Ier; le Roi des Ribauds, histoire du temps de Louis XII; la Folle d'Orléans, histoire du temps de Louis XIV; Vertu et Tempérament, histoire du temps de la Res-*

LA
DANSE MACABRE

DEUXIÈME ÉDITION.

PUBLIÉ PAR EUGÈNE RENDUEL.

MDCCCXXXII

La Danse macabre, du Bibliophile Jacob

tauration; les Francs-Taupins, histoire du temps de Charles VII; la Danse macabre, histoire fantastique du quinzième siècle; Pignerol, histoire du temps de Louis XIV; Un Divorce, histoire du temps de l'Empire; puis enfin *Mon Fauteuil* et *Quand j'étais jeune, souvenirs d'un vieux*, histoires d'on ne sait quand. Toutes les époques de notre histoire y avaient déjà passé, que l'esprit inventif du romancier semblait toujours intarissable ; si bien qu'il put recommencer la série avec d'autres éditeurs et fournir encore au public palpitant quantité de nouvelles histoires de tous les temps.

Si abondante qu'elle soit, la correspondance des deux frères avec Renduel est malheureusement moins riche que leur imagination romanesque, et il suffira de reproduire une lettre de chacun d'eux. La première est d'un malade à court de santé et d'argent ; la seconde d'un esprit susceptible et prompt à se fâcher pour l'incident le plus inoffensif.

Mon cher ami, je suis depuis quinze jours avec une inflammation d'entrailles et souffrant comme un damné. — Voilà ce qui m'a privé du plaisir de vous voir si longtemps. Cependant je vais mieux, j'ai maintenant la force de corriger mes épreuves.

Les médecins et les apothicaires m'ont ruiné, ruiné complètement, si bien que j'ai recours à votre complaisance et vous prie de m'avancer *trois cents* francs. Je présume que cette somme ne vous gênera nullement et elle me sera d'un grand secours.

Si vous pouviez ce matin les remettre au porteur, vous m'obligeriez beaucoup.

Votre ami dévoué,
Jules Lacroix.

21, mercredi.

Mon cher Renduel, j'ai été plusieurs fois vous voir avec l'intention de vous entretenir sur un sujet plus important et plus délicat qu'une affaire d'intérêt ; mais je n'ai jamais pu me trouver absolument seul avec vous pour entamer une question qui veut être traitée dans le tête-à-tête, puisqu'il s'agit de mon amour-propre le plus offensif. Depuis longtemps, mon buste est exposé au coin de votre comptoir comme un paquet d'affiches ; ce n'est pas un honneur que j'ai sollicité, et je vous assure que le don de ma figure s'adressait plus à l'ami qu'au libraire. Il m'est pénible cependant de subir les camouflets du premier drôle venu, qui veut satisfaire peut-être une misérable jalousie sur un plâtre. On laisse les bornes à la portée des chiens pour qu'ils y pissent ; mais je ne pense pas que vous me réserviez ce sort, que je supporterais avec un véritable chagrin : c'est la principale raison qui m'éloigne de votre magasin. Je ne vous demande pas un piédestal, mais un fond d'armoire pour m'y cacher, à moins que vous ne préfériez achever l'œuvre de ceux qui ont mutilé cette sculpture en la brisant. Obligez-moi, mon ami, de me faire disparaître pour toujours de l'exposition perpétuelle où vous m'avez condamné : vous verrez dans une nouvelle que je termine ce que souffre même un homme d'esprit à se voir en peinture le jouet du public. Soyez persuadé que si j'avais eu votre médaillon, il ne serait pas confondu avec les torchons de cuisine ni affiché à côté du porte-manteau.

Votre tout dévoué,
Paul Lacroix.

20 octobre 1833.

Où l'amour-propre va-t-il se nicher et comment une plaisanterie aussi peu offensante qu'un nez cassé ou une paire de moustaches dessinées à l'encre peut-elle troubler le moins du monde un homme de mérite et lui enlever toute quiétude d'esprit ?

Auprès de producteurs aussi féconds que les frères Lacroix, c'étaient de bien petits écrivains qu'Eugène de Monglave et Louis de Maynard ; mais leur plume, pour être moins infatigable, avait cependant du charme et de l'élégance. Combien d'auteurs, à commencer par ces deux-ci, eurent alors une heure de succès qu'ils méritaient à tout prendre, et qui sont, tout de suite après, tombés dans le plus profond oubli !

Eugène Garay de Monglave, d'origine

béarnaise, était un ancien militaire qui, après s'être battu dans les deux mondes, ici pour le Portugal, là-bas pour le Brésil, était rentré en France où il continuait à batailler de la plume au service du parti libéral. Frappé plusieurs fois par le parquet pour ses écrits politiques, collaborant à plusieurs petits journaux sous des noms divers, en fondant au besoin, comme il fit pour *le Diable boiteux*, employé au ministère de l'intérieur après 1830 et bientôt remercié à cause de sa brochure sur *les Colonies de bienfaisance*, fondateur et secrétaire perpétuel de l'Institut historique d'où il fut évincé poliment par la suite, auteur de nombreux ouvrages politiques, historiques et littéraires, Monglave, caché sous le nom de Maurice Dufresne, publia chez Renduel en 1830 certain roman du *Bourreau* qui ne fut pas sans obtenir quelque succès. Et voici, je pense, un curieux échantillon de son style épistolaire où l'ancien officier reparaît sous l'homme de lettres :

Mon brave,

Plus d'épreuves depuis quinze jours.
Qu'attendent-ils ?
Paraîtrons-nous à Pâques ou à la Trinité ?

mille francs fin Décembre.
mille francs fin Janvier.
mille francs fin février
mille francs fin mars
mille francs fin Avril
mille francs fin mai
mille francs fin Juin

Les ouvrages ci dessus sont vendus à M. Renduel pour dix huit mois à partir de la mise en vente de chacun deux, passé lequel délai M. hugo rentrera de plein droit dans sa propriété.

~~M. Renduel acquiert le droit de~~
~~de réimprimer les quatre premiers~~

[marge gauche:] Il est fait exception pour les Voix intérieures, dans la propriété desquelles M. Victor Hugo rentrera au bout d'un an à partir du jour de la mise en vente ;

[marge gauche bas:] laquelle dura avoir lieu dans le mois courant.
et en aussi à M. Renduel trois mois à partir de fin novembre pour la fabrication des autres dispositions elles devront être mises en vente au plus tard dans le délai.
V. H.

~~ouvrages qu'après l'entier épuisement~~
~~des exemplaires restant en sa possession~~

Il est accordé à M. Renduel cent exemplaires de main de passe par mille de tirage. M. Renduel donnera à M. hugo trente exemplaires des voix intérieures et vingt-cinq des autres tirés en sus.

fait double à Paris le 31 mai mil huit cent trente sept

approuvé l'écriture ci dessus en deux pages vingt-mois sept mots nuls

Renduel   Victor Hugo

FIN DU TRAITÉ CONCLU ENTRE HUGO ET RENDUEL POUR LA PUBLICATION DES VOIX INTÉRIEURES.
(Le corps du traité est de la main de Renduel ; les deux lignes finales et le renvoi en marge sont de V. Hugo.)

Le diable m'emporte si cela me donne du courage pour *Palmerin!*

Si je tenais ces bougres-là, le diable m'emporte s je ne les écraserais pas tous.

Allons !

Allons !

Allons !

Marchons donc !

C'est embêtant, parole d'honneur !

Eugène.

Votre ami *quand même* parce que vous êtes un bon enfant.

Ce 24 (janvier 1829).

Louis Maynard de Queilhe était né aux colonies. Durant son séjour à Paris, il travailla surtout au recueil de nouvelles *le Sachet*, et sut se faire de nombreuses amitiés par son excellent caractère et ses façons affables. Il avait publié chez Renduel, en 1835, un roman à grand succès, *Outre-mer*, puis était retourné à la Martinique, où sa famille le rappelait avec insistance ; deux ans après, le 22 mai 1837, il était tué en duel par son beau-frère, d'un coup de fusil :

Mon cher Renduel,

Envoyez-moi de l'argent pour que je paye, entre autres choses, ma part du dîner de ce soir. Car je vous annonce que la personne a accepté et que c'est pour six heures aux Provençaux, *cabinet particulier.* Vous demanderez M. de Courchamps qui y est connu comme les côtelettes. Je regrette de n'être pas en assez florissante richesse pour vous éviter de payer votre écot et celui de votre futur client, mais il n'y a pas de roses sans épines.

Je travaille toujours, mais j'ai peur que cette justification ne soit trop considérable. A vingt-six, et moins large, je crois que cela suffirait.

Nous verrons. Adieu.

Louis de M.

Lundi; à ce soir, six heures, Palais-Royal.

Lorsque Renduel avait eu l'idée de publier une édition exacte et complète des *Mémoires de Saint-Simon*, il avait prié Maynard de l'aboucher avec M. Gustave de Larifaudière, afin que celui-ci le mît à son tour en rapport avec le pair de France, marquis de Saint-Simon, que le gouvernement de Louis XVIII avait réintégré dans ses droits d'héritier sur les écrits du célèbre mémorialiste. Ce dîner au cabaret, offert par Maynard, n'était qu'une façon de mettre en présence les deux amis qu'il invitait. L'affaire marcha d'abord au gré de Renduel, qui commença cette publication par livraisons. La treizième venait de paraître — il devait y en avoir cent cinquante

—lorsque surgirent des réclamations des libraires Paulin et Renouard, propriétaires d'une édition récente. En présence de leurs droits indiscutables, Renduel dut arrêter l'impression du jour au lendemain. Le pair de France ignorait-il donc ce traité antérieur ou bien faut-il penser qu'il le connaissait et qu'il avait négligé d'en prévenir Renduel?

Pareil accident faillit arriver encore à Renduel, qui voulait toujours aller très vite en besogne, avec deux écrivains très scrupuleux cependant, mais qui avaient accueilli les propositions d'autres éditeurs et ne pouvaient pas recouvrer leur liberté d'action : c'étaient Pétrus Borel et Félicité de Lamennais.

Pétrus Borel (de ses vrais noms Joseph-Pierre Borel d'Hauterive, car il avait droit à la particule et était fils d'un émigré ruiné) n'avait que vingt-trois ans lorsqu'il était venu offrir à Renduel, en 1832, ce recueil de nouvelles brutales et de bizarres fantaisies dont le titre même, *Champavert, contes immoraux*, était si bien fait pour frapper les yeux et l'esprit. Ce fougueux champion du romantisme, échappé d'un atelier d'architecte, entraîné par une force irrésistible vers la littérature et la politique, et qui mettait sa plus grande joie à *terroriser* les bourgeois par ses costumes, son allure et ses orgies macabres, avait déjà publié un petit livre de poésies désespérées, dites *Rhapsodies*. Renduel accepta volontiers ces contes effroyables, où qualités et défauts étaient si complètement mêlés : une inspiration tour à tour terrible et touchante, une rare vigueur d'esprit et de style, une imagination puissante mais déréglée, une recherche incessante de l'horrible. Il lui paya ce volume assez bon marché, — quatre cents francs, — mais en promettant, si la vente dépassait huit cents volumes, de lui donner soixante-quinze centimes par exemplaire en surplus. Vaine clause de consolation, car le premier tirage s'écoula très lentement, malgré l'étrange surnom de *Lycanthrope*, adopté par l'auteur, et la terrifiante vignette adjointe au titre de *Champavert*.

Pétrus Borel composa encore un autre grand roman, *Madame Putiphar*, qu'il avait promis de donner à Renduel, mais qu'il publia chez le libraire Ollivier, après d'interminables débats entre les trois parties intéressées, l'auteur et Renduel marchant presque toujours d'accord. C'est au moment même où ces difficultés naissaient que Borel écrivit à son éditeur la lettre suivante, où il parle en si bons termes le langage de la pauvreté reconnaissante :

Mon cher Renduel,

Je vous adresse ce billet pour vous accuser réception des cinquante francs qui m'ont été donnés en votre absence par M. Roger, votre commis, et dont je ne lui avais point fait de reçu. Je tiendrai à honneur de vous les rembourser le plutôt (sic) possible, sitôt que j'aurai pu me procurer quelque argent. J'y tiendrai d'autant plus que, par le fait, vous avez moins de confiance en moi. Vous m'avez assuré que vous ne vous blesseriez point de ce que le besoin pourrait m'entraîner à faire : le besoin me force à aller vendre et faire marché n'importe où de ce qui peut m'appartenir, ne pouvant me créer des ressources qu'en me repliant sur moi-même. Je ne pourrai vous donner *Madame Putiphar*. Je ne vous écris point cela par morgue : je ne m'abuse point assez sur mon propre compte pour imaginer qu'un éditeur puisse avoir grand regret de me perdre. Mais une chose à laquelle je tiens beaucoup, c'est que vous soyez convaincu que ce n'est point l'intérêt, mais la pénurie, qui m'oblige à agir ainsi. Ce n'est point parce qu'on m'a fait des offres que j'ai présumées plus avantageuses que celles que vous auriez pu me faire : je ne suis point en position de recevoir des offres. Je vous jure et proteste, et je n'ai jamais menti, que je n'ai pas vu encore d'autres éditeurs : je vous étais trop attaché

LES ÉCORCHEURS

Le tocsin!.. Sois homme de cœur!

PUBLIÉ PAR EUGÈNE RENDUEL.

M DCCC XXXIII.

Les Écorcheurs

Titre et vignette de Tony Johannot pour le roman du

pour que la pensée seulement m'en soit venue ; et j'aurais cru d'ailleurs manquer d'exquise délicatesse, car je me regardais et me regarderai toujours (comme) votre obligé d'avoir bien voulu vous charger de mon premier livre.

Je vous souhaite tout le bonheur qui me manque,

PÉTRUS BOREL.

Ce jeudi 25 juillet 1833.

Lamennais, je l'ai dit en commençant, fit en grande partie la fortune de la librairie nouvellement fondée, avec ses *Paroles d'un croyant*. Ce livre eut un succès foudroyant, si bien que la première édition étant épuisée en moins d'une année (1833), Renduel en fit paraître coup sur coup de nouvelles à différents prix. Mais il visait encore plus haut ; il voulut — mais trop tard, malgré ses efforts — acquérir d'autres ouvrages du même écrivain, au risque de perdre ainsi les bénéfices réalisés chaque année avec ce livre exceptionnel; il caressa même un instant le projet de fonder une revue, avec Lamennais comme chef de file et rédacteur principal. Celui-ci répondit à cette double proposition par une fort belle lettre, où il fait en quelques mots toute une profession de foi sur le journalisme :

La Chesnaie, 25 janvier 1835.

Il était naturel et juste que vous eussiez, monsieur, la préférence sur tout autre pour la vente de mes ouvrages, dont j'ai cédé la propriété à mon beau-frère. Aussi, avant de terminer et même de traiter avec M. Daubrée, vous proposa-t-il des arrangements qui ne vous convinrent pas, ce qui ne m'étonna en aucune manière, les livres que j'ai publiés jusqu'ici étant, pour la plupart, d'un genre différent de ceux dont vous êtes l'éditeur. Lié aujourd'hui par les conventions que mon beau-frère a faites avec un autre libraire, je ne pourrais m'occuper sans son concours et sans son aveu d'une édition complète de mes œuvres. Mais s'il était possible que vous vous entendissiez avec lui pour cela, que chacun de vous trouvât ses avantages dans cette affaire commune, et qu'elle m'en offrît, à moi-même, de suffisants pour me déterminer à entreprendre le travail qu'elle exigerait de moi, je me prêterais, n'en doutez pas, très volontiers à ce qui vous conviendrait à l'un et à l'autre.

Je dois vous dire franchement, au sujet de la *Revue* dont vous me parlez, qu'une coopération à un recueil de ce genre n'entrerait aucunement dans mes vues. Elle me détournerait de mes travaux et, à mon avis, sans utilité. Ce serait autre chose s'il s'agissait d'un journal quotidien. On pourrait avec celui-ci exercer une action puissante, et je crois à la probabilité du succès matériel, dans le cas où l'on serait à lieu de le préparer et de l'attendre pendant deux ans. Je me consacrerais avec zèle et tout entier à une œuvre semblable, parce que j'y verrais un grand résultat, un moyen plus sûr que tout autre de servir mon pays et l'humanité. Toutefois je ne m'engagerais qu'à deux conditions : l'une, que j'aurais la certitude que le journal serait dirigé selon mes principes ; l'autre, que j'y trouverais immédiatement les ressources nécessaires pour vivre aisément, et la garantie d'avantages futurs en cas de succès. Car je n'ai rien, et je dois songer à pourvoir au temps où mes forces usées ne me permettront plus le travail. Les rédacteurs ne m'embarrasseraient pas : on n'en manque jamais, quand on a du reste une direction ferme et une.

Je vous réitère, monsieur, l'assurance de mes sentiments très dévoués.

F. DE LAMENNAIS.

Renduel n'entra pour rien dans la publication des *OEuvres complètes* de Lamennais, acquises à Daubrée, et n'entreprit ni revue ni journal : c'est ce qu'il pouvait faire de mieux.

CHAPITRE VII

AZAÏS. — HENRI DE LATOUCHE.
LE VICOMTE D'ARLINCOURT. — LÉON GOZLAN.
JOSEPH D'ORTIGUE.

Un des premiers correspondants de Renduel — par ordre alphabétique — est un sage, Azaïs, le philosophe moraliste qui professa d'abord à l'Athénée, puis dans son propre jardin, sa consolante doctrine, ce système des compensations qui répondait si bien à la simplicité de ses mœurs, à la douceur de son caractère. Azaïs avait fait, en 1831, un cours d'Explication universelle à la Société de civilisation, et il l'avait fait ensuite imprimer chez Levrault en autant de fascicules qu'il y avait eu de leçons. Le titre était des plus beaux : *École de la Vérité*. Plus tard, il entreprit de donner à cet ouvrage une suite en soixante séances et autant de livraisons; la première leçon eut lieu le 29 janvier 1834, et la première livraison parut à la fois chez Renduel et chez l'auteur qui demeurait vers le haut du Luxembourg, dans le passage Laurette (aujourd'hui rue Bara). Pour être philosophe, Azaïs n'en avait pas moins une très haute idée de lui-même, et il le laisse assez voir dans une lettre adressée à la personne qui l'avait mis en rapport avec Renduel (vendredi, 31 janvier) :

> Vous avez été témoin, mon cher ami, de l'accueil qui m'a été fait avant-hier, et de l'intérêt avec lequel j'ai été écouté. L'empressement à venir m'entendre n'a été que trop grand ; en montant l'escalier je n'ai rencontré que des personnes qui s'en retournaient, n'ayant pu pénétrer dans la salle ; le vestibule était encombré, et si le jeune commis de M. Renduel est venu, il a pu juger inutile de rester, puisque la table même sur laquelle il aurait pu déposer les exemplaires a été saisie, et qu'en la plaçant en face de la porte un grand nombre de jeunes gens s'y sont établis.
> L'affluence ne sera pas moindre mercredi prochain. Je vous prie d'aller voir pour moi M. Renduel et de lui dire que devant développer, mercredi prochain, le sujet de ma première livraison et répondre aux objections qui me seront adressées, nous pourrons faire encore une tentative de vente ; que, dans ce cas,

LES ÉCORCHEURS

2

O! Ethelinde! sauvez-la!

PUBLIÉ PAR EUGÈNE RENDUEL.

M DCCC XXXIII.

si son jeune homme arrive vers sept heures, je lui aurai fait réserver d'avance une chaise au pied de la tribune, en sorte qu'au terme de la séance, les personnes que j'aurai excitées à me lire, auront la brochure sous les yeux et sous la main.

Si M. Renduel aime mieux suspendre la publication des livraisons suivantes, je lui propose de provoquer de suite la propagation de la première, en faisant insérer dans les journaux la note suivante :

« M. Azaïs fait, en ce moment, un *Cours d'explication universelle* à l'*École Philosophique*, dont il est président. Ce cours est suivi avec le plus vif intérêt, et la salle est loin de pouvoir contenir toutes les personnes qui désirent y assister. Pour y faire participer, autant qu'il lui est possible, celles qui ne peuvent entrer ou qui n'ont pas le loisir de s'y rendre, M. Azaïs publie chez le libraire Renduel, rue des Grands-Augustins, nº 22, une brochure de 50 pages, qui a pour titre : *Idée précise de la Vérité première*, et dans laquelle le professeur résume la doctrine qu'il développe devant ses auditeurs. »

Cette note, mise dans les principaux journaux, et la brochure mise en vente chez les principaux libraires, elle se répandrait ; vous savez, cher ami, l'heureux effet que l'on pourrait en attendre : elle exciterait bien des personnes à demander la publication successive des livraisons. M. Renduel, s'il recevait, en effet, un nombre encourageant de demandes, annoncerait, comme sous presse, cette publication successive, ou, s'il le préférait, la publication du cours en bloc, par volume et sans morcellement.

Ayant encore besoin de ménagements, mon cher ami, faites-moi le plaisir d'aller ce soir chez M. Renduel : on le trouve vers cinq heures ; lisez-lui ma lettre : ajoutez-y ce que vous avez vu, entendu, ce que vous pensez ; dites-lui que, n'ayant d'ardeur personnelle que pour la propagation de mes pensées, je désire que le libraire qui y concourra, non seulement ne compromette pas ses fonds, mais fasse, à l'aide de mon œuvre, d'honorables profits.

Tout à vous, mon cher ami,
Azaïs.

Dans une lettre écrite le lundi suivant, et cette fois à Renduel, Azaïs revient encore sur ce projet de faire débiter ses brochures pendant son cours, et il le complète par l'idée mirifique d'en faire vendre aussi pendant le cours qui précédait le sien : « N'oubliez pas, je vous prie, que mercredi votre jeune homme devrait être dans le vestibule de la salle avant sept heures, parce que déjà alors il passera devant lui bon nombre de personnes allant prendre place et attendant pendant le cours d'un autre professeur qui se fait à cette heure-là. » Le pauvre Azaïs se donnait-il assez de [mal pour débiter sa philosophie en feuillets ? Rien n'y fit. Le premier fascicule, si fort tambouriné, se vendit mal et l'affaire en resta là : soixante pages au lieu de soixante livraisons.

Après la phraséologie onctueuse du philosophe, la phrase cinglante et cravachante du gentilhomme. Henri de Latouche s'était fait surtout connaître par ses travaux sur André Chénier, avant tout par les soins clairvoyants qu'il avait apportés à la publication des OEuvres inédites du poète, entreprise en 1819 par les libraires Foulon et Baudoin. Il était donc tout désigné pour surveiller aussi l'édition complète de Chénier que Renduel publia en 1833, de concert avec Charpentier, et pour laquelle il avait obtenu du neveu du poète, Gabriel de Chénier, plusieurs fragments inconnus et pièces inédites. Le billet suivant de Latouche à Renduel respire le dépit rageur d'un campagnard — Gautier l'appelle l'Ermite de la Vallée-aux-Loups — qui a fait pour rien le voyage d'Aulnay à Paris et devra revenir le lendemain : « Il est dur de venir de la campagne pour des épreuves et de n'être pas même averti qu'on ne les aura pas. Il est dur d'être, de neuf à dix heures, dans le magasin, à attendre le pacha, dont le domicile est tout proche et de ne trouver personne qui ose avertir Sa Hautesse qu'un simple citoyen le demande. Et l'on parle des ministres difficiles à aborder ! — Honneur aux mœurs turques !

— Libraire d'avant la civilisation, le paysan fera six lieues demain pour l'amour des corrections poétiques; il attendra les paperasses quai Voltaire, numéro 15. »

Henri de Latouche, de ses vrais noms Hyacinthe-Joseph-Alexandre Thabaud de Latouche, était sensiblement plus âgé que les principaux représentants de l'école romantique à laquelle il s'était rallié en 1829 par son roman de *Fragoletta*. Sa réputation littéraire datait du début de la Restauration ; mais, cette période étant considérée par tous les romantiques comme le triomphe absolu du classique bête, de l'antique banal, du poncif glorifié, l'écrivain était très médiocrement flatté d'entendre dire que son renom remontait si loin : le seul fait de rappeler ses travaux littéraires de cette époque lui semblait un compliment ironique, « plus sanglant mille fois qu'une franche critique ». Il était d'ailleurs d'humeur bilieuse : au moindre contretemps, à la plus petite anicroche, il entrait en colère. Et le voilà qui se fâche tout de bon dans un billet qui montrera de quel ton il traitait les choses les plus simples. Il a bien écrit dix, vingt, trente poulets de ce genre à Renduel qui ne brillait pas non plus par la patience et lui répondait parfois aussi sèchement. Qu'on juge par là de l'agrément qu'offraient des relations suivies avec l'Ermite de la Vallée-aux-Loups !

Si c'est une gageure, je vous donne gagné ; un parti pris, il a été tenu. Jusqu'à la fin, on s'est obstiné à ne point lire en *première*. Il y a dans la troisième épreuve autant de lettres fausses, de ponctuations imbéciles, de caractères retournés, que dans la première.

Vous même, Seigneur, je vous avais marqué d'un radical les pièces qui ont été composées sur *copie imprimée*, et pour lesquelles je me reposais sur vos soins. J'y viens de jeter les yeux par hasard : elles sont pleines d'infamies. Ce sont les écuries d'Augias à nettoyer. Il n'est pas croyable qu'un imprimeur ose mettre de telles turpitudes sous les yeux d'un auteur. Il ne serait pas plus impertinent de nous envoyer ses bottes à cirer. Mais vous, mon cher ami, je ne vous conçois pas de me faire passer toute *une semaine* à une besogne qui ne fait pas un progrès, qui s'embrouille, se mêle et se *bétifie* à chaque épreuve.

Dans les pièces que vous étiez chargé de lire, on a poussé la méchanceté jusqu'à mêler des vers avec la prose et composer en *petit texte* ce qui devait être en *cicéro* (voyez la page 342). Militairement parlant, c'est se foutre du monde. — Je donne ma démission et ne veux plus rien voir que la préface. Envoyez-la par la voiture et écrivez sur le paquet : *A porter à Aulnay*. Elle vous reviendra dans la même journée ou le lendemain matin.

M. V. H. LA PLUS FORTE TÊTE ROMANTIQUE
Caricature de Benjamin Roubaud (1836).

Si Latouche avait protégé de façon très efficace les débuts communs de Jules Sandeau et de George Sand dans la carrière des lettres, il n'en était pas moins regardé en général comme un « mauvais coucheur ». Irascible, ombrageux, rancunier au premier chef, aimant beaucoup à dire du mal d'autrui et un peu à en faire, Henri de Latouche était plus redouté qu'estimé de ses contemporains : on ne l'aimait pas, mais on le ménageait, de peur d'encourir son courroux. Un auteur prit alors ce singulier individu pour modèle, le décrivit de façon scrupuleuse au moral comme au physique — la rareté de ses cheveux même était indiquée — et le transporta tout vivant dans le roman : il s'agit du personnage peu sympathique de Clérambault dans le roman *les Intimes*, publié en 1831 chez Renduel, et qui dut son succès à l'intérêt de certaines situations, au décolleté de certaines autres. Ce livre, aujourd'hui bien oublié, fit grand bruit quand il parut. Quelques années plus tôt, Michel Masson et Raymond Brucker, gens à l'imagination romanesque, et dont le premier surtout savait faire naître les péripéties les plus émouvantes, avaient publié chez Dupont (1828) un roman de mœurs populaires qui renfermait plusieurs épisodes pathétiques et terribles; il était intitulé *le Maçon*, — bien peu de gens savent que Scribe a puisé dans ce livre le plan et les scènes de son opéra-comique — et portait sur le titre une signature de fantaisie : Michel Raymond.

C'était la mode alors de signer d'un faux nom ou de ne pas signer du tout les œuvres littéraires. Mérimée publiait sans nom d'auteur la *Chronique de Charles IX*, et signait sa *Guzla* et ses scènes dramatiques des noms imaginaires d'Hyacinthe Maglanovich et de Clara Gazul; Paul Lacroix se transformait en Bibliophile Jacob; Jules Janin ne signait pas ses premiers ouvrages : *la Confession*, *l'Ane mort et la Femme guillotinée*; enfin le comte de Pastoret, publiant chez l'éditeur en vogue ses esquisses du temps de la Ligue : *Raoul de Pellevé*, adressait cette recommandation capitale à Renduel : « Vous vous rappelez bien qu'il ne doit y avoir sur le titre autre chose que : PAR L'AUTEUR DU *Duc de Guise à Naples* ». Et le vicomte d'Arlincourt lui-même, dont le nom est resté illustre dans les fastes des crimes imaginaires, cédait au goût du jour en ne signant pas son célèbre roman des *Écorcheurs*, publié chez Renduel en 1833; ce qui ne l'empêcha pas d'adresser à son éditeur un billet dont le *post-scriptum* doit être unique dans les annales de la librairie : « Mon valet de chambre, qui vous remettra cette lettre, réclame son exemplaire. Tous mes éditeurs lui ont fait ce cadeau, et il tient d'autant plus à cet usage qu'il a eu ainsi la collection de mes œuvres. » Lequel faut-il le plus admirer ici, du maître ou du valet ?

Michel Masson et Raymond Brucker n'avaient donc signé *le Maçon* que de leurs prénoms réunis. Le roman des *Intimes* porta la même signature; mais ce pseudonyme de Michel Raymond ne couvrait plus ici les mêmes auteurs : Michel Masson s'était retiré sous sa tente et Brucker avait obtenu pour le second ouvrage le précieux concours de Léon Gozlan. Chose assez particulière, le traité que j'ai sous les yeux fut même écrit en entier de la main de Gozlan, et signé, le 27 janvier 1831, par lui, Brucker et Renduel. Celui-ci achetait le roman moyennant 2000 francs à payer le jour de la remise du manuscrit complet, mais il se réservait le droit de faire corriger par les auteurs les passages qu'il croirait pouvoir donner lieu à des poursuites judiciaires. Gozlan, de son côté, avait posé comme condition expresse que sa collaboration ne serait jamais divulguée, et il attachait une telle importance à cette clause verbale, même après le succès affirmé, qu'il écrivait tout exprès à Renduel pour la lui rappeler.

Mon cher Renduel,

Je présume que le temps de votre publication des *Intimes*, réimprimés, est proche, si toutefois vous les avez réimprimés. Vous n'avez pas oublié, mon bon ami, la protestation que je vous ai faite de ne jamais avouer ce roman, et l'entrevue où il fut convenu entre nous que vous ne mettriez pas mon nom sur la couverture de la seconde édition et suivantes. Ce que je vous en écris, c'est par simple mesure de prudence, car je sais qu'on doit toujours compter sur votre loyauté en affaires.

Mille amitiés.
                                LÉON GOZLAN.
4 mai 1834.

D'autres lettres encore de Gozlan à Renduel sont bonnes à connaître. La première, très vive de forme, indique que l'éditeur n'aimait pas à prodiguer ses livres en cadeaux, même pour obtenir des articles favorables dans les journaux les mieux assis.

Mon cher Renduel,

J'ai parlé de Musset et je n'ai pas Musset ; je veux lire *Notre-Dame de Paris* et je ne l'ai pas ; j'ai laissé le volume de Sainte-Beuve chez Janin et vous ne l'avez pas réclamé ; j'ai fait des articles sur Nodier et j'attends encore Nodier. En vérité, dites-moi si l'on peut amasser plus de griefs sur sa tête ? Envoyez-moi tout cela, je donnerai un franc à votre commis.

Votre tout dévoué,

Gozlan.

La seconde est doublement curieuse, en ce qu'elle montre à la fois quel fanatisme les adeptes du romantisme avaient pour leur chef et combien les échappées politiques de celui-ci les gênaient parfois pour donner cours à leur admiration :

2 décembre 1832.

Mon cher ami,

Dès que le drame de Victor Hugo aura paru, envoyez-moi sur-le-champ un exemplaire, afin que je puisse tenir aux lecteurs du *Figaro* la promesse que je leur ai faite de publier mon opinion sur le style du *Roi s'amuse*.

Attendez-vous à de grands et magnifiques éloges, et à une large compensation des torts qu'a eus peut-être le journal en attaquant si malencontreusement notre poète. Il ne m'appartient pas d'approuver ou de blâmer ce qui s'est fait ; le journal a des nécessités politiques dont je ne suis pas solidaire, mais qu'à la rigueur je dois subir. Ces nécessités sont si puissantes que l'amitié, l'admiration et l'enthousiasme que j'ai voués à Hugo doivent se taire, Victor Hugo se produisant sous une face politique.

Son drame n'ayant, grâce au ciel, aucun rapport avec sa lettre aux journaux, mon indépendance revient et ma justice aussi... J'ai soif de justice ; désaltérez-moi avec le drame de Victor Hugo.

Il est écrit là-haut que dans notre singulier journal il sera couronné un jour et crucifié l'autre. Le jour du couronnement est celui d'aujourd'hui : je ferai en sorte qu'il n'ait pas de lendemain.

Votre dévoué,
Gozlan.

Renduel ne fit qu'une seule incursion sur le terrain musical en publiant le livre de d'Ortigue : *le Balcon de l'Opéra*. Le jeune écrivain méridional, qui sut, durant sa longue carrière, se faire estimer autant pour son savoir que pour son honnêteté, menait alors une vie assez malheureuse à Paris et gagnait tout juste de quoi vivre en portant des études de critique ou d'histoire artistique à différents journaux, surtout au

National et à la *Revue de Paris*. C'était vraiment charité que d'accepter et de payer, fût-ce d'une somme modique, les livres qu'il offrait. Renduel le comprit ainsi : non seulement il édita, en 1833, ce recueil d'articles sur la musique et les musiciens, orné d'un élégant frontispice de Célestin Nanteuil, mais encore il lui acheta douze cents francs son roman provençal : *la Sainte-Baume*, qui n'avait pas grand mérite et n'eut aucun succès. La nécessité de vivre avait provoqué et la douce souvenance du pays natal avait facilité cette métamorphose passagère du musicien en romancier.

Parmi les lettres de d'Ortigue à Renduel, celles-là surtout sont intéressantes où il parle de son *Balcon de l'Opéra*, parce qu'elles dévoilent un nouveau trait de charité intéressée de Meyerbeer. On n'en est plus à savoir combien Meyerbeer, même quand il fut l'auteur unanimement applaudi des *Huguenots* et du *Prophète*, était sensible au blâme le plus léger, combien il se faisait petit devant le plus médiocre folliculaire ou le moindre musicien d'orchestre, combien il déploya de diplomatie et dépensa d'argent pour s'assurer les éloges ou dé-

Les Intimes

Vignette de Tony Johannot pour le roman de Michel Raymond, 1er volume. (Renduel, 1831.)

sarmer la critique de tous ceux qui pouvaient avoir une influence sur le sort présent ou futur de ses chers opéras. Deux lettres de d'Ortigue en fourniront une nouvelle preuve, et montreront combien la prévoyance de Meyerbeer s'étendait loin dans l'avenir, puisque, dès cette époque, il savait, sous le couvert d'une protection désintéressée, s'assurer la reconnaissance d'un écrivain très peu considérable et qui aurait pu ne jamais acquérir grand crédit.

Il faut dire, à l'honneur de d'Ortigue, qu'il pouvait accepter cet appui sans rougir, car ses jugements élogieux sur Meyerbeer étaient l'expression vraie de sa pensée, et il n'eut aucunement besoin de faire violence à ses opinions pour louer par la suite l'auteur des *Huguenots* comme celui-ci désirait l'être. La sincérité de son admiration est suffisamment prouvée par ce fait qu'après la mort de Meyerbeer, alors qu'il pouvait sinon réfuter, du moins atténuer ses éloges antérieurs, personne n'étant plus là pour lui rappeler le service rendu, il les confirma, tout au contraire, et consacra trois grands feuilletons des *Débats* à étudier et à louer la partition de *l'Africaine*. Mais il n'en est pas moins vrai que cet encouragement de Meyerbeer venait à point, car *Robert le Diable* allait être joué à la fin de 1831, et d'Ortigue en devait faire le compte rendu dans la *Revue de Paris*. L'article fut des plus élogieux, et occupa naturellement une place d'honneur au *Balcon de l'Opéra*.

25 janvier 1831.

Monsieur,

Il m'est venu dans l'idée qu'il convient, ce me semble, de faire une remise aux personnes qui se chargent d'un certain nombre d'exemplaires : c'est bien le moins, n'est-ce pas, monsieur? Je puis donc prévenir celles qui prendront la chose à cœur.

Meyerbeer m'a bien recommandé de tenir secret l'achat de cinquante exemplaires. J'avais oublié de vous le dire. Cela à cause des autres auteurs.

Ne serait-il pas à propos d'ajouter à la fin du volume la table de tous les auteurs, compositeurs et acteurs dont il est fait mention, avec désignation des pages? Il me semble que cela pourrait aller.

. . . .

Cette lettre est écrite de Montreuil-sous-Bois, où d'Ortigue s'était retiré pour vivre à meilleur marché. La suivante, de trois mois postérieure, fut expédiée de son village natal, de Cavaillon (Vaucluse), où sa famille l'avait rappelé :

18 avril 1831.

Me voici, mon cher éditeur, à deux cents lieues de Paris. Il m'a fallu obéir aux ordres de ma mère qui a craint que je ne fisse connaissance avec le choléra. Bref, me voilà ici, disposé à aller vous rejoindre dès que vous ne serez plus en aussi mauvaise compagnie. Je passai chez vous le samedi 7 avril, veille de mon départ. Je suis maintenant tout consolé du retard de notre publication. Je n'ai pas la moindre envie de lutter de renommée avec le choléra. Autant donc que je puis l'entrevoir, notre affaire est remise aux approches de l'hiver ou à l'automne. Nous ferons suivre alors *le Balcon* et *la Sainte-Baume*. Pour ce dernier ouvrage, je profiterai de mon séjour en Provence pour aller faire un voyage sur les lieux quand il sera terminé ; la partie historique et pittoresque y gagnera en exactitude. Ce sera toujours un ouvrage de conscience, bon ou mauvais.

Nos conventions avec Meyerbeer tiennent toujours. Mais je prévois des difficultés de la part de mes parents. Lorsqu'il sera temps de retourner à Paris, ils iront me chercher mille prétextes pour m'empêcher de partir. Je voudrais que vous m'écrivissiez une simple lettre, dans laquelle vous me parlerez de nos engagements relativement aux deux ouvrages ci-dessus. Non pas, remarquez bien, que j'aie besoin d'une garantie personnelle contre vous, mais pour avoir un motif aux yeux de ma famille. C'est en ce sens que j'en ai parlé à Victor Hugo. Je ne sais s'il vous l'a dit. Ainsi, écrivez-moi un mot à ce sujet. Encore une fois, ce n'est pas une garantie, c'est un service d'ami que je vous demande, et, à ce titre, vous ne me le refuserez pas.

. . . .

Vous pouvez ajouter, si vous voulez, à votre bulletin d'annonces, un ouvrage historique et philosophique sur la musique dont le titre sera *De l'Orgue*, par M. J. d'Ortigue, 2 vol. in-8°. C'est Hugo qui a trouvé ce titre, et c'est tout dire. Cet ouvrage est fait en partie.

Adieu, mon cher éditeur; j'attends aussi la suite de Nodier.

Tout à vous de tout mon cœur,

J. d'Ortigue.

Que d'illusions juvéniles en ces quelques lignes ! Non seulement les ouvrages convenus ne parurent qu'après deux ou trois ans d'attente ; mais ce dernier travail, si pompeusement annoncé sous le parrainage d'Hugo, ne vit jamais le jour. Encore un ouvrage à joindre à la liste déjà longue des œuvres promises avec des titres retentissants au dos des publications romantiques et dont les auteurs, souvent, n'avaient pas la moindre idée. Le plus connu de ces livres célèbres par leur seul titre est *la Quinquengrogne*, de Victor Hugo, et il s'en fallut de peu que *le Capitaine Fracasse*, de Gautier, ne sortît jamais de ces limbes littéraires. *L'Orgue* y resta.

CHAPITRE VIII

ALFRED ET PAUL DE MUSSET. ALEXANDRE DUMAS. — CHARLES NODIER. VIENNET. — JULES JANIN.

Alfred de Musset ne se laissa jamais enrôler dans le romantisme au point de perdre son indépendance et sa liberté d'action. Il bataillait en allié, en volontaire, en gentilhomme ; il avait su se faire l'ami de ses partisans juste assez pour avoir leur aide au besoin, tout en les pouvant quitter à l'occasion. Il s'est fort défendu, par la suite, d'être jamais tombé dans les exagérations folles de l'école nouvelle, et rappelait alors sa *Ballade à la Lune*, composée exprès pour tourner en ridicule de telles extravagances. Celui-là, en vérité, ne dut jamais être un romantique farouche et convaincu qui traita le Cénacle de « boutique » et osa bien — dès 1831 — écrire ces vers des *Secrètes pensées de Raphaël :*

Salut, jeunes champions d'une cause un peu vieille,
Classiques bien rasés, à la face vermeille,
Romantiques barbus, aux visages blêmis !
Vous qui des Grecs défunts balayez le rivage,
Ou d'un poignard sanglant fouillez le moyen âge,
Salut ! — J'ai combattu dans vos camps ennemis.
Par cent coups meurtriers devenu respectable,
Vétéran, je m'asseois sur mon tambour crevé.
Racine, rencontrant Shakespeare sur ma table,
S'endort près de Boileau qui leur a pardonné.

Quand Alfred de Musset fit offrir par son frère à Renduel un recueil de vers, il n'avait encore soumis au public qu'un seul volume : *Contes d'Espagne et d'Italie,* qui l'avait rendu presque célèbre en soulevant de violentes discussions dans la presse, et une comédie : *la Nuit vénitienne,* jouée deux fois seulement à l'Odéon au milieu des rires et des sifflets. Le volume à venir portait comme titre général : *Spectacle dans un fauteuil,* et ne comprenait que deux ébauches de pièces en vers : le poème dramatique *la Coupe et les Lèvres* et la petite comédie *A quoi rêvent les jeunes filles.* L'éditeur hésitait, paraît-il, à publier ce recueil de vers qu'il jugeait d'un écoulement plus difficile qu'un livre en prose, et l'auteur le pressait fort de prendre une décision.

> Monsieur,
>
> Je voudrais bien que vous m'écrivissiez franchement *quel prix* vous voudriez mettre au manuscrit dont j'ai à disposer. — Je vous avouerai franchement aussi que l'on m'a fait ces jours-ci des offres assez avantageuses, dont cependant je n'ai pas voulu profiter avant d'avoir appris les vôtres, qui sont les premières en date.
>
> Veuillez donc me répondre un mot là-dessus, le plutôt (*sic*) qu'il vous sera possible — et agréer les sentiments les plus distingués de votre serviteur,
>
> ALFRED DE MUSSET.
>
> Dimanche, 9 septembre 1832.

Musset devait se vanter en parlant d'autres « offres avantageuses », car son frère, qui avait négocié cette affaire avec Renduel, ne dit rien de ces prétendues ouvertures. Finalement Renduel accepta, un peu par égard pour Paul de Musset, avec lequel il avait déjà conclu marché (1). Malheureusement ces deux pièces réunies ne

---

(1) C'est du moins Paul de Musset qui le dit dans la biographie de son frère, éditée à la librairie Charpentier, en 1877. Je crois bien découvrir dans son récit deux ou trois pointes à l'adresse de Renduel; mais ce sont là malices obligées en quelque sorte et presque amicales. Bienheureux les éditeurs qu'on traite de si douce façon !

Un Spectacle dans un Fauteuil
Eau-forte de Célestin Nanteuil pour *la Coupe et les Lèvres*, d'Alfred de Musset. (Renduel, 1833.)

donnaient guère que deux cents pages, et il en fallait encore une centaine pour former un volume présentable : Musset se remit à l'œuvre et écrivit, en deux ou trois semaines, le conte oriental de *Namouna*, qu'on accoupla tant bien que mal avec la comédie pseudo-espagnole et le drame tyrolien. L'impression reprit alors de plus belle, sans jamais aller assez vite au gré de l'auteur.

Voilà ce qui s'appelle agir d'une façon aimable et qui vous fait honneur. — Puisque vous le voulez bien, vous trouverez, sous cette enveloppe, un billet que je vous renvoie, et un autre que vous me renverrez (à un mois d'échéance, n'est-ce pas?) quand vous l'aurez rempli.

Notre imprimeur n'a qu'un défaut, c'est qu'il m'envoie une épreuve tous les lundis à peu près. Sur ce pied nous paraîtrons en 1834. — J'irai chez lui demain ; — tâchez d'en faire de même, quand vous aurez le temps. — Votre bien dévoué,

Alf. de M.

Lundi.

Les craintes de Musset étaient exagérées : son livre parut à l'époque fixée, en décembre 1832, et si le tirage faillit en être retardé, ce fut par suite du luxe que Renduel voulait apporter à cette publication et dont le poète préféra se passer. L'éditeur avait commandé tout exprès à Célestin Nanteuil trois vignettes à l'eau-forte, une par pièce; mais elles déplurent à Musset qui n'en voulut pas : les planches furent brisées et tout le travail de Nanteuil se trouva perdu (1). Les relations entre Renduel et Alfred de Musset cessèrent de la sorte, et, lorsqu'en 1834 celui-ci voulut faire deux volumes de ses pièces en prose, cette seconde série du *Spectacle dans un fauteuil* fut publiée à une librairie innomée qu'on sut plus tard être celle de la *Revue des Deux Mondes* : là du moins il fut servi comme il désirait l'être, et n'eut même pas à refuser de vignette ou de croquis de Johannot ou de Nanteuil.

Paul de Musset, lui, resta plus longtemps fidèle au libraire qui avait accueilli son premier volume et donna successivement

---

(1) Ces gravures sont de toute rareté. Asselineau doit se tromper en en marquant quatre et lui-même ne doit pas avoir vu le *frontispice* qu'il indique, car il n'aurait pas manqué de le décrire comme il fait toujours pour les dessins qu'il a vus. Renduel avait fait tirer spécialement pour lui-même, sur papier teinté vert, un exemplaire du *Spectacle dans un fauteuil*, avec les gravures de Nanteuil, et il les avait aussi réunies en épreuves sur une seule feuille. Dans le volume comme sur l'épreuve, qui sont à présent chez moi, il ne se trouve que trois gravures : double indice qu'il n'y en eut jamais plus.

à Renduel trois romans ou recueils de nouvelles, d'allure distinguée et de bon ton : d'abord *la Table de Nuit, équipées parisiennes*, son livre de début orné d'une charmante vignette de Tony Johannot, puis *Samuel, roman sérieux*, accompagné d'une eau-forte de Nanteuil, et *la Tête et le Cœur, nouvelles équipées*, qui retrouvèrent le succès des premières. Il donnait parfois à des amis intimes la primeur de ses romans, afin d'avoir leur avis, d'étudier leurs impressions, et, dans ce cas, il n'oubliait pas, bien entendu, d'inviter à ces lectures en famille son éditeur, pour la précieuse santé de qui il affectait d'être aux petits soins :

Mon cher maître,

Est-il convenu que vous venez me voir ce soir? — et à quelle heure viendrez-vous? — Il y aura verre d'eau sucrée pour votre estomac paisible et abat-jour sur la lampe pour vos yeux malades. Nous serons seuls absolument parce que nous avons à causer.

Tout à vous,

Paul de M.

Soyez donc assez gentil pour remettre au porteur l'exemplaire susdit de *la Table de nuit*.

Je suis *embêté* depuis huit jours par un clou à la cuisse qui m'empêche de marcher, ce qui m'a em-

UN SPECTACLE DANS UN FAUTEUIL

Eau-forte de Célestin Nanteuil pour *A quoi rêvent les jeunes filles*, d'Alfred de Musset. (Renduel, 1833.)

péché de réaliser le projet que j'avais de vous aller voir pour vous prier de venir chez moi *ce soir vendredi* entendre une lecture que je fais à mon frère et à deux amis seulement ; tâchez d'y venir. Je commencerai à huit heures et demie précises. C'est un petit roman, où il y a de tout. Je serais bien aise que vous le connussiez. Ma mère est à la campagne. Nous serons seuls dans mon salon avec bière et tabac.

Tout à vous,

PAUL DE MUSSET.

28 juin.

Si peu de temps qu'Alfred de Musset eût fréquenté Renduel, il avait pu juger de sa puissance et lui-même a célébré en riant l'influence mystérieuse et souveraine que le libraire exerçait dans le monde des lettres ; car c'est bien Musset qui rima de petits vers sur l'air du menuet d'Exaudet, à propos d'un des écrivains les plus extravagants de l'école, le romancier Lassailly, l'auteur de cette histoire épouvantable : *les Roueries de Trialph*, qui s'appellerait aussi bien *l'Empoisonné dansant* :

    Lassailly
    A failli
   Vendre un livre,
  Il n'eût tenu qu'à Renduel
   Que cet homme immortel
   Pût gagner de quoi vivre.

Le souvenir littéraire de Lassailly n'a pas duré — si cher que se vende son étrange composition, quand on la retrouve, — et quelques curieux de littérature sont seuls à se rappeler la physionomie de ce « Jeune-France » enragé que Balzac essaya de prendre pour collaborateur, mais qui pensa mourir d'une indigestion de café en compagnie du terrible auteur de *la Comédie humaine* : l'association projetée fut rompue du coup.

Les moindres billets de Paul de Musset décelaient une nature élégante et fine : il les tournait avec soin, s'efforçait, même dans ses lettres d'affaires, de s'adresser à l'ami plutôt qu'au libraire et ne demandait pas crûment ce qu'on pouvait lui devoir. Alexandre Dumas, lui, tout rond, tout franc, tout bon garçon, n'avait pas besoin de ces recherches et faisait appel sans vergogne à la bourse du prochain. Deux mots pour dire ce dont il avait besoin, rien de plus, et sans témoignages de reconnaissance ou d'amitié :

Mon cher Renduel,

Me prendriez-vous des billets Dondey-Dupré à six mois pour quinze mille francs ?

A vous,

A. Dumas.

Soyez assez bon, monsieur, pour me prendre sans retard ce billet : je suis auprès du lit de ma mère qui se meurt, et je ne puis la quitter.

Mille compliments,

A. Dumas.

Tels ces deux billets où le bon Dumas se peint au naturel, tels dix ou vingt autres : le peu de mots strictement nécessaires pour implorer quelque prêt ou quelque délai. Il ne pouvait être ici question d'avance, car Dumas n'eut pas de livre publié chez Renduel ; il le connaissait même assez peu pour écrire son nom par un *a* et cependant le libraire, qui n'avait eu avec Dumas que des relations de hasard, qui n'avait jamais conclu d'affaire avec lui, n'hésitait pas à lui rendre service, à ce grand prodigue. Que pouvait donc bien demander Dumas aux libraires avec lesquels il était en compte d'argent, et si Renduel ouvrait ainsi sa bourse à de simples étrangers, que ne devait-il pas avancer presque chaque jour aux auteurs qu'il avait l'honneur de publier !

Un des plus besogneux, un de ceux qui criaient constamment misère, était Charles Nodier, auquel ses nombreuses publications si productives, ses traitements comme

UN SPECTACLE DANS UN FAUTEUIL
Eau-forte de Célestin Nanteuil pour *Namouna*,
d'Alfred de Musset. (Renduel, 1833.)

membre de plusieurs Académies, sa belle place de bibliothécaire à l'Arsenal, logé, chauffé, éclairé, etc., ne pouvaient suffire pour combler ses dettes de jeu; chaque jour il s'efforçait de s'acquitter et chaque nuit il se remettait à jouer, perdant sans émotion, disait-il, gagnant sans plaisir. Nodier publia chez Renduel dès l'origine ou en réédition quantité d'ouvrages de tout genre : *Contes en prose et en vers, la Fée aux miettes, Jean Sbogar, Mademoiselle de Marsan, le Peintre de Salzbourg, Adèle, Thérèse Aubert, Rêveries littéraires, morales et fantastiques, Smarra, Trilby, les Tristes, Hélène Gillet, Souvenirs de jeunesse, Souvenirs et Portraits, le Dernier banquet des Girondins, les Notions élémentaires de linguistique.* Il avait apporté chez le nouveau libraire la plupart de ses productions antérieures, de façon qu'en réunissant tous ces romans, tableaux d'histoire et travaux d'érudition, en refondant les anciens avec les nouveaux dans une édition uniforme, Renduel put, de 1832 à 1834, donner au public toutes les œuvres principales de Nodier en douze forts volumes, auxquelles il convient d'ajouter une nouvelle : *le Dernier chapitre de mon roman*, écartée de la collection générale pour ses allures quelque peu licencieuses. Un treizième volume était même annoncé qui ne parut jamais : *Monsieur Cazotte*. Et tout cela représentait de grosses sommes à toucher. Aussi ne se passait-il pas de semaine où Renduel ne reçût quelque billet vivement tourné, c'est vrai, mais dont il connaissait le fond — au chiffre près — sans même avoir besoin de l'ouvrir.

Mon cher ami, pardonnez-moi de vous talonner, mais c'est aujourd'hui le 3 avril 1833. Il me sembloit que notre marché étoit pour le 1ᵉʳ ou le 3, et je le saurois mieux si vous m'aviez renvoyé mon double. Faites-moi donc le plaisir de remettre deux cent cinquante francs à mon portier et des épreuves, s'il y en a. Je suis diablement pressé selon l'usage avec lequel j'ai l'honneur d'être

Votre ami.
CHARLES NODIER.

Paris, 4 octobre 1834.

Mon cher ami, autrefois les auteurs d'une certaine portée avoit (*sic*) des Mécènes. Maintenant, ils n'ont plus de Mécènes que leurs libraires, et cependant il faut que les auteurs vivent. Les libraires en reconnoissent la nécessité.

C'est pour vous dire que vous devriez vous décider

sur les *Mélanges* que plusieurs personnes sont pressées d'avoir, et dont je suis encore plus pressé de me défaire. Je vous ai dit qu'ils formeroient deux volumes qui demanderont un mois de travail auquel je me mettrai à l'instant du marché conclu. C'est un ouvrage éprouvé, dont le débit est sûr et qui vous coûtera moins encore que d'habitude...

Je n'insiste là-dessus que pour m'acquitter envers vous d'un devoir de cœur et de probité. L'affaire seroit faite à un prix plus avantageux pour moi si je n'avois voulu vous donner le temps de vous résoudre et s'il ne m'étoit d'ailleurs agréable de parfaire ma collection. Je vous ai déjà dit et je vous répète que mon ami M. Crozet m'a témoigné un désir assez vif de s'en charger, et vous pouvez le savoir de lui-même. C'est un homme d'une probité trop connue pour qu'on puisse le soupçonner d'une déclaration de complaisance.

En un mot, donnez-moi une réponse ou la liberté.

Je vous embrasse de tout mon cœur,

CHARLES NODIER.

Que Nodier fût ainsi devenu, avec tous ses ouvrages, comme un des piliers de la librairie Renduel, il y a là déjà de quoi s'étonner ; mais ce qui confond, c'est de penser que Viennet lui-même, l'ennemi déclaré de l'école romantique dont il railla souvent avec esprit les exagérations calculées, avait été entraîné par le mouvement général et s'était mis en rapport dès le premier jour avec le nouvel éditeur. Il fit paraître chez lui, dès 1829, deux épîtres politiques : l'une, l'*Épître aux convenances ou mon Apologie*; l'autre, *Aux mules de dom Miguel*, où il flétrissait l'effroyable guerre civile que l'ambition du fils de Jean VI, encouragée par la tacite approbation des pays unis dans la Sainte-Alliance, avait déchaînée sur le Portugal. Viennet combattait alors très ardemment pour les idées libérales, comme rédacteur au *Constitutionnel* et comme député opposant de la ville de Béziers : seul point sur lequel il fût d'accord avec les écrivains qu'il rencontrait chez Renduel. Il prenait ainsi sa revanche de l'arrêté de M. de Clermont-Tonnerre qui lui avait retiré depuis deux ans son grade de chef d'escadron, pour le punir d'avoir écrit la retentissante *Épître aux chiffonniers*, spirituelle attaque contre la législation actuelle de la presse. Il appartenait à l'homme qui, lieutenant d'artillerie de marine, avait voté contre le Consulat à vie et contre l'Empire, qui avait refusé plus tard de souscrire à l'acte additionnel des Cent-Jours, de s'élever contre ces massacres et ces exactions, contre tant d'horreurs commises de sang-froid par dom Miguel. Un vulgaire accident de voiture lui inspira cette épître, plus ardemment pensée que vigoureusement écrite; la force poétique manquait à Viennet pour flétrir celui qu'il appelait le « Néron de Lisbonne », et les vers qui suivent, les moins mauvais à tout prendre, ne sont pas bien sanglants :

Lisbonne en ses transports vous prépare des fêtes ;
La liberté pour vous réveille ses poètes,
Oui, vous partagerez les immortels honneurs
Des oiseaux en qui Rome honora ses sauveurs ;
L'Olympe vous appelle, et le Pinde en ses joies
Chantera de concert les mules et les oies.
. . . .
Mules, aucun travers, aucune opinion
Ne saurait effacer votre belle action,
Et la France regarde, en couronnant vos têtes,
Ce que vous avez fait et non ce que vous êtes.
C'est trop peu cependant d'un fémur fracassé,
D'un char mis en cannelle et d'un tyran versé ;
Sapez la tyrannie, achevez votre ouvrage.
Aux guerriers d'Oporto soufflez votre courage,
Leur cause en vaut la peine, et dites-leur surtout
De marcher vers Lisbonne et non pas vers Plymouth.
Que des plaines d'Ourique aux rochers de Bragance,
A vos hennissements s'éveille la vengeance!

Cette brochure était sous presse lorsque l auteur fut informé par un ami sûr de la

Charles Nodier.   Jules Janin.   Paul Foucher.

SOIRÉE D'ARTISTE (CHEZ CHARLES NODIER)
Gravure à l'eau-forte de Tony Johannot (1831).

mort de dom Miguel; il écrivit aussitôt à Renduel pour le presser de faire diligence et de mettre l'épître en vente, avant que la nouvelle ne fût répandue dans Paris :

Monsieur,

Léon Pillet me fait annoncer à l'instant la mort de dom Miguel et demande un exemplaire de l'épître pour l'annoncer demain sans retard, afin qu'on ne m'accuse pas d'insulter aux tombeaux. Je lui ai envoyé une épreuve, avec prière de n'en mettre qu'une vingtaine de vers et de dire qu'elle sera mise en vente lundi prochain (1).

Si toutefois vous pouviez en déposer demain ou ce soir au Palais-Royal, ce serait prendre date ; mais alors il faudrait le faire dire de suite à Léon, qui modifierait son annonce.

Brûlez ce billet.

Votre dévoué serviteur,

V_T.

Samedi soir.

Mais la nouvelle était fausse et jamais dom Miguel ne s'était mieux porté. L'épître de Viennet parut au jour dit et suscita grande rumeur ; tous les partis s'en occupaient avec une égale ardeur, pour exalter

---

(1) Léon Pillet dirigeait alors *la France nouvelle, Nouveau Journal de Paris*, dont il s'était chargé en août 1827. C'est le même qui prit la direction de l'Opéra en juin 1840.

le pamphlétaire ou pour le décrier. Les romantiques, eux, partageaient bien les idées politiques de leur ennemi littéraire, mais ils n'avaient pas si grand tort de trouver ses vers pitoyables et leur opinion se résume dans un court billet de Janin à Renduel :

Monsieur,

Faites-moi le plaisir de remettre au porteur trois exemplaires de la sale brochure de M. Viennet ; vous m'obligerez beaucoup.

J. JANIN.

Sans avoir jamais rien publié chez Renduel, Janin était dans les meilleurs termes avec lui, mais il avait su garder son franc parler dans ses relations de critique à libraire et sa qualité d'ami ne l'empêchait pas d'exprimer nettement son opinion. Témoin ce *post-scriptum* ajouté *ab irato* à une lettre fort calme d'ailleurs :

... A propos de compliments, je ne vous fais pas les miens de *l'Homme blanc!* C'est bien le plus insipide bavardage qui se soit écrit sous le soleil. Comment vous, Eugène Renduel, homme d'esprit et de goût, et, qui plus est, libraire de votre métier, avez-vous pu vous charger d'une pareille drogue ? Cela est illisible, croyez-moi.

non, mon ami, je n'ai traité avec personne et j'ai tout éloigné jusqu'ici. Je verrai donc avec plaisir M.ʳ Renduel, mardi prochain, si vous avez la bonté de le lui faire dire. J'allais vous écrire pour vous demander quelles places vous pourraient être agréables, dans le cas où la rentrée de Kitty Bell au théâtre Français aurait la puissance de vous tirer de vos douces habitudes. Vous voyez que nous avons pensé l'un à l'autre ensemble comme les amis du Monomotapa.

(à midi)

Si ma pensée vous agrée, répondez-moi un mot et recevez mes remerciements de la vôtre avec toutes mes amitiés.

Alfred de Vigny

Versailles
26. X.bre
1835=

LETTRE D'ALFRED DE VIGNY
pour affaire avec Renduel (26 décembre 1835).

L'Homme blanc des rochers ou Loganie et Délia était un des premiers ouvrages mis en vente par Renduel, en 1828, et l'auteur, répondant au nom de Toulotte, était un ancien sous-préfet qui n'aimait pas les prêtres. Il pensait peut-être s'égaler à Diderot par des romans comme *Eugénie ou la Sainte par amour* et *le Dominicain ou les Crimes de l'intolérance et les effets du célibat religieux*; puis, quand il avait pourfendu sans pitié ses noirs ennemis, il élaborait d'énormes études historiques, ornées de titres interminables. Voici le moins long : *la Cour et la Ville, Paris et Coblentz, l'ancien régime et le nouveau considérés sous l'influence des hommes illustres et des femmes célèbres par leur conduite, leurs doctrines et leurs écrits depuis Charles IX, Henri IV et Louis XIV, jusqu'à Napoléon, Louis XVIII et Charles X.*

Chaque homme a son idée fixe, chaque écrivain sa caractéristique : chez Toulotte, homme ou écrivain, c'était une égale horreur des prêtres et des titres brefs.

CHAPITRE IX

SAINTE-BEUVE. — DAVID D'ANGERS.
ALOÏSIUS BERTRAND.

Sainte-Beuve était peut-être, entre tant d'écrivains batailleurs, celui qui faisait le plus de besogne et le moins de bruit : aussi apportait-il chaque année à Renduel quelques-unes de ses premières productions de critique, de poète ou de romancier, tous ouvrages notables et dont le succès, qu'il fût rapide ou longuement disputé, contribuait également au renom de l'auteur, à la prospérité de l'éditeur. Il était entré en relations avec le nouveau libraire en lui offrant de réimprimer les *Vie, poésies et pensées de Joseph Delorme* dont le premier tirage s'était épuisé en moins d'un an, grâce au scandale soulevé dans le camp classique par cet ouveage qui attira sur Sainte-Beuve les foudres vengeresses de Jay. Cette seconde édition, publiée en 1830, fit naître d'excellents rapports entre deux hommes d'un caractère parfois assez difficile : ils se convinrent si bien que Renduel se chargea de rééditer aussi *les Consolations* et que Sainte-Beuve lui vendit dès l'origine *Volupté,* cinq volumes de *Critiques et Portraits littéraires,* les *Pensées d'Août* et enfin son grand travail sur *Port-Royal.*

23 août (1841).

Mon cher Renduel,

C'est pour vous obéir que je viens vous rappeler que nous sommes convenus de 200 francs à toucher par moi chez Hachette ou ailleurs au 31 août. Je dois les payer à M. Naudet le lendemain pour des frais de logement. Cela ruine d'être propriétaire ou locataire établi : je n'ai jamais été si endetté que depuis que je suis logé aux frais de l'État. Je n'entrerai au reste dans mon gîte que dans un mois à peu près. Nos vacances n'ont plus qu'une vingtaine de jours. Sans aller à la campagne, je me suis reposé ici, et je n'ai pas autant travaillé que précédemment. Pourtant tout continue et, j'espère, ira à bon terme. J'ai dit votre reproche au père Guénot. Ils viennent de perdre un procès qui leur fait des frais : ce sont d'honnêtes gens et qui ont du malheur.

Rien ici de bien nouveau. La librairie sommeille... Voilà le temps qui se relève : tout annonce une belle fin d'été. Vos bleds vont se relever aussi, et votre cœur rural doit s'épanouir.

Mille amitiés, mon cher Renduel,

SAINTE-BEUVE.

Il y a un joli sonnet de ce pauvre Bertrand à vous : *Compère*, etc.

Ce samedi (25 septembre 1841).

Mon cher Renduel,

Je vais vous paraître un *Moniteur* périodique très importun. C'est 100 francs ce mois-ci 30 septembre, que je compterais toucher, et ainsi des autres fins de mois, suivant ce qui était convenu.

Vous avez dû recevoir quatre feuilles du père Guénot : nous en avons quatre autres sur le métier. Mes vacances sont finies, et je suis depuis le 15 rattaché à mon collier. Je dois être logé à l'Institut le 1er ou le 2 octobre définitivement.

Charpentier est revenu avec sa femme, très contents tous deux de leur tournée dans le Midi. La Bibliothèque travaille à force et se vend très bien. Il a conclu avec le comte de Vigny. Il donnera un volume des *Poésies choisies* de Mme Valmore.

Pendant que vous rentriez vos moissons et que vous récoltiez vos vignes, nous avons eu ici le tapage trop ordinaire, coups de pistolet et le reste : c'est par trop fort ! Tenez bon là-bas et bridez bien vos campagnards : qu'ils n'aillent pas faire comme à Clermont !

En vieillissant, on revient au pouvoir absolu pur et simple.

Tout à vous d'amitié, mon cher Renduel,

SAINTE-BEUVE.

Cour du Commerce Saint-André-des-Arcs, n° 2, ou à l'Institut.

Sainte-Beuve avait patronné auprès de Renduel un pauvre diable du nom de Bertrand, qui était bien l'adepte le plus excentrique du romantisme, mais aussi le plus modeste et le plus effarouché. L'excellent garçon s'appelait tout simplement Louis Bertrand, mais il avait poétisé ce prénom par trop vulgaire et se faisait appeler Ludovic, ou mieux encore Aloïsius. Il était né en Italie de parents français, mais il s'était attaché comme un fils à la ville de Dijon où il était venu habiter à l'âge de sept ans : tourmenté du démon poétique dès la fin de ses études, il avait fait insérer dans un journal du cru de gracieuses poésies, d'un rythme léger, et quelques-unes de ses curieuses ballades en prose. Il composait alors des vers, et de charmants, mais il y renonça peu à peu par la suite et, comme son destin était de se consumer dans le prélude et l'escarmouche à l'exemple de tant d'imaginations trop vives et trop ardentes, naturellement difficile et toujours mécontent de lui-même, il passait un temps précieux à retoucher sans fin les œuvres de la veille et n'en écrivait plus de nouvelles : dans ces fantaisies

La Procession du Pape des Fous
D'après l'aquarelle de Louis Boulanger pour *Notre-Dame de Paris* illustrée.
(Renduel, 1836.)

de débutant se trouve le premier jet de ce qu'il ne fit, depuis, qu'agrémenter et repolir. Il prenait déjà une peine infinie à ciseler mot par mot, syllabe à syllabe, ses ballades, œuvres imaginaires d'un certain Gaspard de la Nuit qui devait donner son nom comme titre au volume, et ce volume n'était qu'un bizarre chapelet de pièces poétiques, constellées d'épigraphes dans toutes les langues. Voici, comme spécimen de cette prose artistement fouillée et de ces versets si bien ouvrés, certaine ballade italienne, une des plus jolies et des plus simples aussi qui soient sorties de la plume d'Aloïsius :

LA VIOLE DE GAMBA.

Il reconnut, à n'en pouvoir douter, la figure blême de son ami intime Jean-Gaspard Deburau, le grand paillasse des Funambules, qui le regardait avec une expression indéfinissable de malice et de bonhomie.

Théophile Gautier, *Onuphrius.*

Au clair de la lune,
Mon ami Pierrot,
Prête-moi ta plume
Pour écrire un mot.
Ma chandelle est morte,
Je n'ai plus de feu ;
Ouvre-moi ta porte
Pour l'amour de Dieu.

Chanson populaire.

Le maître de chapelle eut à peine interrogé de l'archet la viole bourdonnante, qu'elle lui répondit par un gargouillement burlesque de lazzis et de roulades, comme si elle eût eu au ventre une indigestion de comédie italiennne.

C'était d'abord la duègne Barbara qui grondait cet imbécile de Pierrot d'avoir, le maladroit, laissé tomber la boîte à perruque de M. Cassandre et répandu toute la poudre sur le plancher.

Et M. Cassandre de ramasser piteusement sa perruque, et Arlequin de détacher au viédase un coup de pied dans le derrière, et Colombine d'essuyer une larme de fou rire, et Pierrot d'élargir jusqu'aux oreilles une grimace enfarinée.

Mais bientôt, au clair de la lune, Arlequin, dont la chandelle était morte, suppliait son ami Pierrot de tirer les verrous pour la lui rallumer, si bien que le traître enlevait la jeune fille avec la cassette du vieux.

— « Au diable Job Hans le luthier qui m'a vendu cette corde ! » s'écria le maître de chapelle recouchant la poudreuse viole dans son poudreux étui. — La corde s'était cassée.

Bertrand était venu pour la première fois à Paris sur la fin de 1828, lorsqu'il s'était trouvé libre par suite de la suspension du *Provincial* de Dijon : sitôt débarqué dans la capitale, il était allé frapper à la porte de ses amis politiques et littéraires qui lui avaient plus d'une fois adressé de précieux éloges. « C'était un pauvre diable, écrit-il lui-même en parlant de Gaspard, dont l'extérieur n'exprimait que misère et souffrances. J'avais déjà remarqué, dans le même jardin, sa redingote râpée qui se boutonnait jusqu'au menton, son feutre déformé que jamais brosse n'avait brossé, ses cheveux longs comme un saule et peignés comme des broussailles, ses mains décharnées pareilles à des ossuaires, sa physionomie narquoise, chafouine et maladive, qu'effilait une barbe nazaréenne, et mes conjectures l'avaient charitablement rangé parmi ces artistes au petit pied, joueurs de violon et peintres de portraits, qu'une faim irrassasiable et une soif inextinguible condamnent à courir le monde sur la trace du Juif errant. » Ce profil disgracieux était, paraît-il, d'une ressemblance douteuse, même en admettant les droits de la caricature, et Sainte-Beuve oppose à la silhouette trop fantaisiste de Gaspard le vrai portrait physique et moral d'Aloïsius : «... Grand et maigre jeune homme de vingt et un ans, au teint jaune et brun, aux petits yeux noirs et vifs, à la physionomie narquoise et fine sans été généreux, n'être d'aucun par leur côté mauvais.

La puissance du poète est faite d'indépendance.

L'auteur, on le voit, ne se dissimule aucune des conditions rigoureuses de la mission qu'il s'est imposée, en attendant qu'un meilleur vienne. Il tâche, il essaie, il entreprend. Voilà tout. Bien des sympathies, nobles et intelligentes, l'appuient. S'il réussit, c'est à elles et non à lui que sera dû le succès.

Quant à la dédicace placée en tête de ce volume, l'auteur, surtout après les lignes qui précèdent, pense n'avoir pas besoin de dire combien est calme et religieux le sentiment qui l'a dictée. On le comprendra, en présence de ces deux monuments, le trophée de l'Étoile, le tombeau de son père, l'un national, l'autre domestique, tous deux sacrés. Il ne pouvait y avoir place dans son âme que pour une pensée grave, paisible et sérieuse.

le résultat de l'art ainsi compris, c'est l'adoucissement des esprits et des mœurs, c'est la civilisation même. Ce résultat, quoique l'auteur de ce livre soit bien peu de chose pour une fonction si haute, il continuera d'y tendre par toutes les voies ouvertes à sa pensée, par le théâtre comme par le livre, par le roman comme par le drame, par l'histoire comme par la poésie.

LES VOIX INTÉRIEURES
Fragment de la préface, avec corrections et addition de Victor Hugo, pour la première édition (Renduel, 1837).

doute, un peu chafouine peut-être, au long rire silencieux : il semblait timide ou plutôt sauvage... Singulière, insaisissable nature que les artistes reconnaîtront bien ! Rêveur, capricieux, fugitif ou plutôt fugace, un rien lui suffit pour l'attarder et le dévoyer... *Un rayon l'éblouit, une goutte l'enivre*, et en voilà pour des journées. »

Sur les instances de Sainte-Beuve, Renduel avait accepté ce livre excentrique dont le sous-titre n'était guère plus clair que le titre : *Gaspard de la Nuit, Fantaisies à la manière de Rembrandt et de Callot;* il l'avait même payé, si bon marché que ce fût, mais il ne se pressait pas de l'éditer. D'ailleurs Bertrand nourrissait alors de plus vastes projets et n'entendait que préluder par ces *bambochades* : ses amis et lui-même se flattaient de voir bientôt paraître quelque roman historique qui aurait remué leur chère Bourgogne; mais un long effort suivi ne lui convenait guère et le livre destiné à frapper ce grand coup resta toujours en l'air. Cependant la vie se retirait peu à peu de ce corps qu'une maladie de poitrine minait depuis longtemps, et le garçon avait dû à deux reprises se faire admettre à l'hôpital ; c'est alors qu'il connut toute l'amitié de Sainte-Beuve et le dévouement d'un artiste illustre dont il avait conquis l'affection dès sa venue à Paris : le sculpteur David d'Angers. « Eh ! comment ne seriez-vous point malade ? lui écrivait-il de son lit d'hôpital. Votre amitié prodigue et ardente s'est consumée du matin au soir en démarches sans nombre depuis quinze jours pour un pauvre barbouilleur de papier que ses visions chagrines et son orgueil sauvage et insociable gîtent au lit de Gilbert, qui était, lui, parfois, un admirable poète... Vous m'accablez d'une dette qu'une longue vie ne pourra jamais acquitter, et j'ai peut-être si peu de jours devant moi ! »

Sainte-Beuve et David, jugeant leur ami perdu, voulurent se mettre en mesure de rendre à sa mémoire l'hommage le plus profitable, en publiant aussitôt après sa mort son cher volume, le seul vestige qu'il dût laisser de son passage en cette vie. Il fallait avant tout rattraper le manuscrit qui sommeillait depuis longtemps dans les cartons de Renduel et que celui-ci pouvait bien avoir égaré.

20 mars (1841).

Mon cher Renduel,

Vous souvient-il d'un manuscrit d'un pauvre jeune homme, Bertrand, que vous avez payé et non imprimé? C'étaient des espèces de petites ballades en prose. Ce pauvre garçon, pris de la poitrine, a l'air de vouloir mourir; il est à l'hôpital Necker. David, le statuaire, qui s'intéresse à lui, voudrait ravoir le manuscrit. On verrait à le faire imprimer chez Pavie, à Angers, qui l'imprimerait gratis. Il ne s'agirait que de le ravoir de vous. Qu'en avez-vous fait ? Tâchez, mon cher Renduel, de vous en souvenir; cela réjouirait les derniers instants du pauvre jeune homme de songer qu'il restera quelque chose de lui.

Port-Royal va, bien qu'assez lentement; mais je suis décidé à ne plus faire d'articles et par conséquent à suivre sans désemparer.

J'envie votre bonheur, par ce printemps naissant, à vous qui avez fini par réaliser le vœu d'Horace et du sage.

Mille amitiés,

Sainte-Beuve.
Rue Montparnasse, 1 *ter*.

Renduel était alors à Beuvron : six semaines après, il recevait la lettre suivante de David d'Angers qui lui annonçait la mort de son ami :

Monsieur,

Le pauvre Bertrand vient de mourir à l'hôpital; il laisse une vieille mère dans la plus affreuse misère.

Quasimodo enlève la Esmeralda

« *Au meurtre, au meurtre, criait la malheureuse bohémienne.* »
D'après une lithographie de Tony Johannot.

Elle va vous écrire pour vous prier de lui renvoyer le manuscrit de son fils ; elle pourra vous envoyer en accompte (*sic*) la somme de cent francs, restant d'un petit secours que nous étions parvenus à lui faire donner. Sainte-Beuve et moi comptons beaucoup sur votre caractère pour nous mettre à même, en rendant ce manuscrit, d'élever un monument à la mémoire du jeune littérateur dont la vie a été si misérable. Sainte-Beuve fera une préface, et moi je ferai graver son portrait d'après mon dessin. Au moins son nom aura une petite place dans la mémoire des hommes.

Je désire que vous répondiez favorablement à la pauvre mère et vous prie de croire à ma parfaite considération et à mon entier dévouement de cœur.

DAVID (1).

Paris, 8 mai 1841.

Le malheureux Bertrand était mort, en effet, à peine âgé de quarante ans, dans une telle misère, un tel isolement que David avait dû se charger de le faire enterrer et l'avait accompagné seul au cimetière, sous une pluie battante. Renduel n'eut pas de

---

(1) David, ici, me paraît jouer un peu de la « vieille mère » afin d'apitoyer Renduel, car il écrivait, d'autre part, à Victor Pavie : « Mon bon et cher ami, je te remercie bien de ta généreuse décision à l'égard de l'impression de *Gaspard de la Nuit*... Quand tu auras retiré tes frais, le reste de la vente sera pour la vieille mère. La mère de Bertrand et ses parents n'étaient pas dignes de lui ; il y a là un drame de famille sur lequel il est mieux de jeter un voile. » (*Victor Pavie, sa jeunesse et ses relations littéraires*. Angers, 1887, p. 234.)

peine à retrouver ce manuscrit, qu'il rendit, pour la somme qu'il l'avait payé, à David ; la femme de celui-ci le remit soigneusement au net et l'impression en fut confiée à l'imprimeur d'Angers, Victor Pavie, ancien adepte du Cénacle et qui avait conservé les rapports les plus affectueux avec ses alliés d'autrefois, surtout avec Sainte-Beuve et David. « J'espère que vos greniers aussi sont bien chargés, écrivait Sainte-Beuve à Renduel le 30 octobre 1841. On imprime le Bertrand et chez Pavie, très enthousiaste du livre. Ce sera assez élégant. » *Gaspard de la Nuit* parut effectivement à Angers, mais seulement en novembre 1843, plus de deux ans et demi après la mort du poète-prosateur. « J'ai enfin à votre disposition un volume des *Fantaisies* de ce pauvre Bertrand, écrivait alors le même au même. Après bien des retards et des lenteurs que la province sait encore mieux que Paris, l'édition est prête. » Mais ces retards provenaient bien un peu de Sainte-Beuve. Fidèle à son devoir d'ami, il avait voulu écrire quelques pages en tête de ce volume, et ses nombreux travaux, ses recherches sur Port-Royal, ses démarches en vue de l'Institut ne lui avaient pas permis de donner plus tôt cette touchante notice où revit un garçon timide et sauvage, amoureux de l'ombre et du silence, en un mot Pierre Gringoire ressuscité.

« ... Que faisait-il? dit Sainte-Beuve. A quoi rêvait-il? Aux mêmes songes sans doute, aux éternels fantômes que, par contraste avec la réalité, il s'attachait à ressaisir de plus près et à embellir. Il avait repris ses bluettes fantastiques; il les caressait, les remaniait en mille sens, et en voulait composer le plus mignon des chefs-d'œuvre.... A travers cela, il avait trouvé, chose rare! et par la seule piperie de son talent, un éditeur. Eugène Renduel avait lu le manuscrit des *Fantaisies de Gaspard*, y avait pris goût et il ne s'agissait plus que de l'imprimer. Mais l'éditeur, comme l'auteur, y désirait un certain luxe, des vignettes, je ne sais quoi de trop complet! Bref on attendit, et le manuscrit payé, modiquement payé, mais enfin ayant trouvé maître, continuait, comme ci-devant, de dormir dans le tiroir. Bertrand, une fois l'affaire conclue et le denier touché, s'en était allé, selon sa méthode, se voyant déjà sur vélin et caressant la lueur. Un jour pourtant, il revint, et, ne trouvant pas l'éditeur au gîte, il lui laissa pour *memento* gracieux la jolie pièce qui suit:

A M. Eugène Renduel.

SONNET.

Quand le raisin est mûr, par un ciel clair et doux,
Dès l'aube, à mi-coteau, rit une foule étrange.
C'est qu'alors dans la vigne, et non plus dans la grange,
Maîtres et serviteurs, joyeux, s'assemblent tous.

A votre huis, clos encor, je heurte. Dormez-vous?
Le matin vous éveille, éveillant sa voix d'ange.
Mon compère, chacun en ce temps-ci vendange ;
Nous avons une vigne : — eh bien ! vendangeons-nous ?

Mon livre est cette vigne où, présent de l'automne,
La grappe d'or attend, pour couler dans la tonne,
Que le pressoir noueux crie enfin avec bruit.

J'invite mes voisins, convoqués sans trompettes,
A s'armer promptement de paniers, de serpettes :
Qu'ils tournent le feuillet ! sous le pampre est le fruit.

5 octobre 1840.

» Cependant, à trop attendre, sa vie frêle s'était usée, et cette poétique gaieté d'automne et de vendanges ne devait pas tenir. Une première fois, se trouvant pris de la poitrine, il était entré à la Pitié dans les

Mon cher Renduel,

Nous avons le stile sec avec vos chers amis, mon intention est d'exécuter votre traité de point en point ; toutefois ne trouveriez-vous pas assez bien raisonné que je prétendisse m'avoir oublié les clauses attendu que j'attends depuis trois mois le double de ce traité que je devais avoir le lendemain. Quant à Monsieur votre imprimeur qui attend depuis trois jours je lui ai fait demander depuis qu'il imprime un exemplaire de chaque bonne feuille qui m'est nécessaire pour voir où j'en suis. Veuillez lui dire de ma part qu'il ne me remette pas ce que j'attends. Je lui avais fait dire que j'avais été voir des malades, par le temps qui court cela ressemble à une bonne excuse, mais Monsieur votre imprimeur n'en juge pas ainsi. Que Dieu le sauve du choléra.

Agréez mes civilités amicales

F. Soulié

Lettre de Frédéric Soulié à Renduel (26 avril 1832).

salles de M. Serres, sans en prévenir personne de ses amis ; la délicatesse de son cœur le portait à épargner de la sorte à sa modeste famille des soins difficiles et un spectacle attristant. Durant les huit mois qu'il y resta, il put voir passer souvent M. David le statuaire, qui allait visiter un jeune élève malade. M. David avait de bonne heure, dès 1828, conçu pour le talent de Bertrand la plus haute, la plus particulière estime, et il était destiné à lui témoigner l'intérêt suprême. Bertrand lui a, depuis, avoué l'avoir reconnu de son lit, mais il s'était couvert la tête de son drap, en rougissant. Après une espèce de fausse convalescence, il retomba de nouveau très malade, et dut entrer à l'hôpital Necker vers la mi-mars 1841. Mais, cette fois, sa fierté vaincue céda aux sentiments affectueux, et il appela auprès de son lit de mort l'artiste éminent et bon, qui, durant les six semaines finales, lui prodigua d'assidus témoignages, recueillit ses paroles fiévreuses et transmit ses volontés dernières. Bertrand mourut dans l'un des premiers jours de mai. M. David suivit seul son cercueil ; c'était la veille de l'Ascension ; un orage effroyable grondait ;

la messe mortuaire était dite, et le corbillard ne venait pas. Le prêtre avait fini par sortir ; l'unique ami présent gardait les restes abandonnés. Au fond de la chapelle, une sœur de l'hospice décorait de guirlandes un autel pour la fête du lendemain (1)... »

Pauvre Aloïsius Bertrand, il emportait en mourant la douce certitude que son *Gaspard de la Nuit* paraîtrait enfin au grand jour de la librairie. Quelle n'eût pas été sa satisfaction s'il avait pu prévoir que ses fantaisies « rembranesques » seraient assez goûtées des gourmets littéraires pour qu'il en dût être publié une seconde et même une troisième édition, à Paris, environ trente et cinquante ans après sa mort !

(1) La notice si émouvante de Sainte-Beuve, à laquelle il en faut toujours revenir quand on veut parler d'Aloïsius Bertrand, parut d'abord en tête de *Gaspard de la Nuit* et fut insérée ensuite dans les *Portraits littéraires*.

CHAPITRE X

GÉRARD DE NERVAL. — THÉOPHILE GAUTIER.

Gérard Labrunie et Théophile Gautier étaient presque du même âge : le premier, né en 1808, n'était l'aîné que de trois ans. Mais Gérard possédait sur son cadet l'avantage de l'avoir devancé dans la carrière littéraire ; il était presque célèbre grâce à sa traduction de *Faust*, parue en 1827, que Théophile apprenait encore à dessiner et broyait des couleurs dans l'atelier de Rioult. Aussi Gérard de Nerval servit-il de répondant à Gautier quand celui-ci voulut s'engager dans l'armée romantique pour livrer bataille à la première représentation de *Hernani*; c'est par la double protection de Gérard et de Pétrus Borel que le néophyte reçut un des billets rouges marqués avec une griffe de la fière devise espagnole : *Hierro*, qui devaient donner accès aux fidèles dans la salle du Théâtre-Français. Les deux jeunes gens, d'une nature franche et cordiale, se sentirent vite attirés l'un vers l'autre et se lièrent de solide amitié. Ils logeaient alors porte à porte et faisaient ménage commun avec d'autres bohèmes, également riches d'espoir et pauvres d'écus. « J'avais vers cette époque, écrit Gautier, quitté le nid paternel et demeurais impasse du Doyenné, où logeaient aussi Camille Rogier, Gérard de Nerval et Arsène Houssaye, qui habitaient ensemble un vieil appartement dont les fenêtres donnaient sur des terrains pleins de pierres taillées, d'orties et de vieux arbres. C'était la Thébaïde au milieu de Paris. »

Plus tard, Théophile et Gérard allèrent demeurer ensemble au numéro 3 de la place du Carrousel : ils ne se quittaient plus guère, et qui voyait l'un voyait l'autre. Certain jour d'été qu'ils n'avaient pas un sou vaillant, les deux camarades imaginèrent de travailler ensemble et d'offrir à Renduel de composer tout exprès pour lui un roman « magnifique et truculent ». Sitôt dit, sitôt fait. Gautier écrit une lettre des plus alléchantes pour annoncer à l'éditeur leur visite intéressée ; rendez-vous est pris ; les pourparlers ne sont que pour la forme et, vite, un traité intervient entre les trois parties : il est signé le 22 juillet 1836. Labrunie et Gautier vendaient à Renduel un ouvrage intitulé : *Confessions galantes de deux gentilshommes périgourdins*, devant former deux volumes in-8°, de vingt-cinq feuilles d'impression chacun, et ils s'engageaient à en livrer la première partie fin août, puis la deuxième en septembre de la même année ; passé le 15 octobre, terme fatal, ils devaient être passibles d'une retenue de quatre cents francs sur le prix du manuscrit. Renduel leur payait ce roman seize cents francs, dont cinq cents donnés en signant le traité — quelle clause imprudente ! — et le reste échelonné en trois payements égaux : à la mise en vente de l'ouvrage, puis deux et trois mois après.

L'éditeur croyait avoir pris toutes ses mesures pour posséder tôt ou tard ce nouvel ouvrage de deux insouciants qui ne travaillaient qu'au gré de leur caprice ou sous l'étreinte de la nécessité. Vaines précautions, retenue inutile ; les gais compa-

Théophile Gautier
D'après une lithographie de Célestin Nanteuil
(1837).

gnons avaient empoché cinq cents francs et n'en demandaient pas davantage. Ils envoyèrent bien à Renduel les premiers feuillets, puis s'occupèrent d'autre chose et jamais le libraire ne put rien tirer de plus; il perdit même par la suite ces quelques pages et regrettait fort cette ébauche qu'il avait, trouvait-il, payée assez cher. Ce fut là le seul ouvrage que Gérard dut faire paraître chez Renduel; mais ils n'en restèrent pas moins en bons rapports et se rappelaient volontiers qu'ils avaient tous les deux fait leurs débuts chez Touquet, l'un comme apprenti libraire et l'autre comme poète. C'était, en effet, à la librairie du colonel que Gérard avait publié ses premiers essais, sa comédie satirique : *l'Académie ou les Membres introuvables*, et son « tableau politique à propos de lentilles » : *Monsieur Dentscourt ou le Cuisinier grand homme*, signé de M. Beuglant, poète, ami de Cadet-Roussel.

La lettre suivante, envoyée à Renduel, mais adressée à tout le Cénacle, à Borel et à Gautier, à Nanteuil et à Duseigneur, déborde de belle humeur. Gérard s'y reprit à plusieurs fois pour l'achever; mais il faut la lire tout d'un trait pour en mieux goûter la franche gaieté. Qu'il renseigne le libraire sur le trafic et le succès des livres français à l'étranger, qu'il se raille lui-même d'être sans un sou vaillant, qu'il parle beaux-arts ou critique la dernière production de Mme Sand, il écrit toujours de verve, en homme ravi de causer avec des amis — à deux cents lieues de distance.

Marseille, novembre 1834.

Mon bon monsieur Renduel,

Voulez-vous me rendre un petit service ? Ce serait de faire demander chez MM. Heideloff et Campé, rue Vivienne, un livre allemand intitulé *Die Tochter der Luft,* je crois, drame de Raupach. Ils connaîtront bien cela chez M. Campé, quand même le titre ne serait pas exact. S'ils ne l'ont pas à Paris, mais ils l'auront, vous les feriez prier de le faire venir d'Allemagne et de me le garder à Paris, où je serai bientôt ; s'ils l'ont, vous auriez la bonté de me le faire envoyer sans perdre une minute *par la poste* chez M. Noubel, libraire à Agen (département de Lot-et Garonne), pour M. Gérard Labrunie. Comme il faudra payer la poste et le libraire, et que je ne puis le faire d'ici, je vous prie de vouloir bien vous en charger (mais quant au livre, je crois que vous pouvez le prendre à crédit comme libraire). La poste peut coûter un franc et le livre quatre francs, ou un peu plus ou un peu moins. Ce fesant, vous me seriez bien agréable et bien utile, et je vous serais bien reconnaissant. S'il est impossible que le livre me parvienne cinq à six jours après l'arrivée de la présente lettre chez vous, il vaut mieux me le garder ; et si M. Heideloff n'a pas le livre, vous voudriez bien, dans tous les cas, le prier de le faire venir.

Maintenant, je vous prie de recevoir les salutations d'un heureux voyageur qui rentre à l'instant dans sa patrie avec autant de plaisir qu'il en avait eu en la quittant. La librairie belge infecte toute l'Italie d'une manière déplorable, mais vous le savez comme moi. C'est incroyable qu'il se vende autant de livres français en Italie sans que vous y soyez pour rien. Des libraires de Gênes et de Livourne m'assuraient qu'il se vendait plus de livres français modernes en Italie qu'en France. C'est à Rome et à Naples qu'il s'en vend le moins. Mais c'est à Livourne qu'est la plus forte librairie (Marvilly) ; ils impriment même dans la ville, notamment *Barnave*, en un volume, dont il y a déjà deux autres éditions en Belgique.

Il me semble que, cela étant ainsi, vous pourriez bien gagner à publier des éditions à bas prix en Belgique : vous les gagneriez toujours de vitesse en imprimant là en même temps qu'à Paris. Cela est si vrai qu'à Florence les libraires attendaient encore avec impatience *Volupté*, qui leur était demandé partout et qui n'était pas encore arrivé de Bruxelles quand j'y ai passé vers le 15 octobre. Ils avaient également le *Spectacle dans un fauteuil*, mais pas encore la prose. C'est ce retard seul qui fait que les cabinets de lecture vous achètent vos éditions de France ; mais s'ils ont besoin d'un re-exemplaire, ils attendent Bruxelles. Mais en Italie on achète plutôt les livres (pourvu qu'ils ne soient pas chers) qu'on ne les prend au cabinet ; c'est le contraire de Paris ;

c'est ce qui fait, je pense, que le débit doit être beaucoup plus grand qu'à Paris et que vous auriez un grand avantage à entrer en concurrence avec Bruxelles. Ce que je vous dis pour l'Italie doit être encore bien plus vrai pour la Belgique. Il est vrai de dire que leurs éditions sont à présent très soignées, mais je crois que le nom d'un libraire français présenterait plus de garanties d'exactitude au lecteur étranger. Pour moi, je ne rapporte dans mes poches aucune de ces jolies éditions à bon marché de Bruxelles, et crois par conséquent avoir droit à votre estime. Je suis à Marseille, où l'on vend et lit beaucoup de livres. Notamment les *Paroles d'un croyant* (édition de Bruxelles) dans les marchés, le port et les rues, sur papiers gris, mais seulement chez les libraires ambulans ou étalant le long des murs. Du reste, pas d'autre livre que celui-là, et j'en suis étonné, vu la facilité qu'il y a à passer ce qu'on veut à la douane de la mer.

Adieu, je compte sur vous et suis tout à vous,

GÉRARD LABRUNIE.

Faites-moi donc le plaisir encore de mettre cette feuille sous enveloppe quand vous l'aurez lue et de l'envoyer à Duseigneur, ou à Théophile, ou à Nanteuil : elle est pour eux et les autres. C'est que les ports de lettre sont chers d'un bout de la France, où je suis positivement, à l'autre presque, où vous êtes.

Vous croyez, parce que je suis sans argent à Marseille (mais cela n'est plus vrai depuis quelques heures), que j'y vis médiocrement : vous vous trompez. Je suis à l'hôtel, où je dîne splendidement à crédit et me refais de mes voyages. C'est que dans tout hôtel moins beau que l'hôtel des Princes on éprouverait quelque inquiétude à me voir sans malle et presque sans bagage. J'ai fait en sorte de me souvenir de Robert Macaire. J'avais, en débarquant, cinq sols. J'en ai donné deux pour me faire cirer. Je suis allé jusqu'au coin de la rue, où est l'hôtel des Princes ; j'ai trouvé deux gamins et je leur ai promis trois sols pour porter mes effets ; l'un a pris mon sac, où il y avait principalement un grand pain qui me restait de Naples ; l'autre a pris la petite valise en cuir que d'Arc m'a donnée, où il y avait deux citrons, des pommes et des poires, le reste de mes provisions ; et tout bien agrafé, je suis entré sous le vestibule entre mes deux acolytes : j'avais heureusement retrouvé une vieille paire de gants jaunes.

Vous ne croirez pas à ces beaux apprêts, mais cela m'est égal. Le maître de l'hôtel m'a donné une belle chambre : j'aurais craint de porter atteinte à la considération nécessaire en demandant quelque chose de très inférieur ; du reste, tout ce luxe n'est pas fort coûteux à Marseille, où tout est bon marché. Heureusement il y a la bibliothèque publique : voilà pour ma journée. Je n'ose guère marcher, parce que mes bottes se fendent. J'ai fait tous ces jours-ci le roman intime que nous savons : je sais que cela est usé, mais je vous jure que mes bottes le sont encore plus, et il faut cela pour que j'en parle. Mais j'ai toujours bien dîné : figurez-vous que je ne mangeais que du macaroni et des fruits depuis quinze jours, plus cinq jours de tempête, où je n'ai pas eu le mal de mer. — Je décous ma lettre à dessein pour que Renduel ne se figure pas que je vais publier mes impressions de voyage et que c'en est une.

Dessin de Théophile Gautier
Fait à l'encre de Chine et donné par lui à Renduel.

A table, il y avait une jolie dame avec un vieux militaire, qui avait un grain de folie et qu'elle conduisait à Nice pour l'hiver. Un homme très bien, son mari ! Au milieu du dîner il lui prend une fantaisie de demander du champagne : c'est une folie très douce. La dame se récrie que les médecins l'ont défendu : il en demande deux bouteilles. On n'ose pas refuser, car, disait la dame, il aurait tout brisé ; mais, pour qu'il en bût le moins possible, elle a fait demander des verres pour tout le monde et elle nous en versait tant qu'elle pouvait pour qu'il en restât moins à son mari. C'était adroit. Le lendemain nous venons à parler du Lacryma Crysti (sic) mousseux et du vin d'Orvieto qui pique : voilà le monsieur qui redemande du champagne. Si cela pouvait devenir son idée fixe ! Mais nous étions très peu de monde, parce que tout le monde du bateau à vapeur était parti. Il y avait des dames qui n'en voulaient qu'une goutte, des gens âgés craignant de s'échauffer ; de sorte que la dame, qui, je crois, m'a soupçonné d'avoir trop appuyé sur les vins mousseux d'Italie (mais elle a tort), la dame m'en versait tant qu'elle pouvait. C'est très féminin, cette manière de reproche. C'est bien. Voici le mal : Le monsieur se vexait, il est sorti de table. C'est naturel. Le fou n'aurait pas voulu qu'on partageât sa sensation, l'homme, que l'on bût son vin ; le mari, que sa femme prît tant de soin d'un jeune homme. Oui, d'un jeune homme. Je n'ai pas l'air d'un Antony, je le sais, mais aux yeux d'un mari et d'un fou je puis paraître encore redoutable.

Vous me direz que ceci n'est pas le drôle, mais quand on fait quelque cent lieues pour le rencontrer, on mérite considération. Et puis, que voulez-vous que je vous dise, ici où, n'ayant ni argent, ni le moindre divertissement, toutes mes idées convergent vers ce point lumineux : la table d'hôte à cinq heures et demie ? Maintenant j'ai de l'argent, mais il fait un temps abominable, suite des tempêtes que nous avons essuyées sur mer. Est-ce étonnant que je n'aie pas eu le mal de mer, quand on ne pouvait pas se tenir debout sur le pont ! Je vous conterais bien ma traversée comme je l'ai contée à mon père, mais vous n'y croiriez pas. J'aime mieux vous la dire de vive voix parce qu'alors je vous ferai des sermens tellement affreux que vous direz : C'est possible. Je n'ose pas davantage vous parler de mon séjour à Naples. Voyez quel malheur ! Je me balance misérablement entre le roman nautique et la couleur locale. Je vais dîner à la table d'hôte. Tâchez donc d'arranger tout cela pour que mon voyage ne me fasse pas de tort : je vous promets que je suis devenu très naïf.

Je lis *Jacques*, j'en suis à la moitié du premier (volume) : je trouve jusqu'ici que c'est de l'analyse un peu terre à terre. Cela ne sort guère du niveau de Mme Cottin et de Mme de Souza ; ce ne sont pas là encore les belles pages de *Lélia*, mais il faut espérer que cela viendra. D'après les articles de journaux, le plan paraît très riche et très beau. C'est l'idée du *Peintre de Salzbourg* de Charles Nodier : je suis étonné que les journalistes ne l'aient pas remarqué. Cela importerait beaucoup pour leur critique, cela importe peu pour la mienne, mais je n'aime pas beaucoup qu'un roman soit un syllogisme. Cela paraît combiné presque comme le roman de Gœthe, *les Affinités électives*, dont lui-même donnait l'analyse soit en termes d'algèbre, soit en termes de chimie. Les quatre personnages de *Jacques* sont bien posés, comme ceux des *Affinités* ; on peut même les représenter par *a*, *b*, *c*, etc. ; seulement, je crois que dans Gœthe, le quatrième est *x*, l'inconnu.

Je pars pour Nîmes. Je vais faire une partie du chemin sur le bateau à vapeur sur un canal qu'on vient d'ouvrir par là. On m'a dit que j'y verrais la *Locuste* de M. Sigalon. Je compte trouver là quelque dédommagement d'avoir très peu vu le *Jugement dernier* de Michel-Ange à la Chapelle Sixtine, qui est offusqué par les échafaudages du même M. Sigalon. Au musée de Naples, j'en ai vu une belle copie, mais extrêmement diminuée. Oh ! la belle *Judith* de Caravage que j'ai vue au musée de Naples ! Naples, quand je pense que la cendre chaude du Vésuve n'a pas peu contribué à la démoralisation de mes bottes ! Cela avait desséché le cuir, qui s'est fendu. Mais n'en parlons plus, puisque j'ai maintenant de l'argent et des bottes. Je voudrais que ce fussent des bottes de 207 lieues pour être à Paris dans l'instant.

Les journaux de Marseille nous annoncent l'arrivée d'Alexandre Dumas. Je ne puis pas l'attendre. Ah ! que Nanteuil pense donc aux deux derniers volumes et à *Ashévérus*. J'ai vu ses vignettes à Florence et à Naples, et partout. Il y avait aussi de plus M. Nanteuil à Rome (Charles) qui faisait des caricatures dans le Café Grec. L'Italie est bien belle, mais elle n'a pas de beurre : voilà pourquoi je vous conseille d'aller manger du macaroni à la Ville de Naples, et des *stoffato*, et des croquettes, etc., attendu que sa viande de boucherie n'a pas le moindre goût. J'ai vu à Civita-Vecchia cette fameuse troupe de bandits qu'on a prise à Terracine : ce sont des malheureux en pantalons, vestes de velours et chapeaux tromblons. Maintenant si je vous parais désillusionné touchant la cantine et les brigands, je vous dirai que sur tout

le reste, je suis incandescent. Ainsi prenez-y garde !
A bientôt, à plus tôt que vous ne croyez.

Écrivez-moi donc, mais de suite, à Agen, poste restante. Je dis : poste restante, parce que si la lettre arrive trop tard, les personnes chez qui je vais ne me la renverront pas à Paris. Parlez-moi de *la Famille Moronval* — est-ce beau ? — et de tout ce qui peut m'intéresser dans certains théâtres, et touchant vous-même (1).

Adieu.

Ah ! je prie quelqu'un de vous d'aller chez M. Mignotte, notaire, au coin des rues Coquillière et Jean-Jacques-Rousseau, de lui dire que j'ai reçu sa lettre à Marseille et le remercie, et que s'il avait quelque chose de pressé à me faire savoir, il me l'écrive à Agen, département de Lot-de-Garonne, où du reste je resterai peu. Poste restante. N'oubliez pas.

---

(1) *La Famille Moronval*, grand drame en cinq actes d'un jeune auteur débutant, Charles Lafont, venait d'être représenté au théâtre de la Porte-Saint-Martin le lundi 6 octobre 1834. Acteurs principaux : Lockroy, Delafosse, Provost ; MM^{mes} Georges, Ida, Falcoz, etc. « Il y a dans ce mélodrame qui a obtenu un succès de curiosité et de terreur — écrit Ch. Rabout au *Journal de Paris* — tous les défauts ordinaires aux pièces de l'école Saint-Martin, c'est-à-dire un luxe effrayant et gratuit de crimes, de la bouffissure dans le style et dans les caractères, une multiplicité d'action nuisible à l'intérêt... Nous parions pour de très fortes recettes et pour un succès populaire qui garnira à la fois le balcon et le paradis. » Ce critique aurait gagné son pari, car *la Famille Moronval*, publiée à l'origine chez Marchant et chez Barba, fut reprise et réimprimée plus d'une fois ; mais on devine si ce gros mélodrame, assemblage extraordinaire d'assassinats et d'empoisonnements, devait plaire à Gérard et à ses amis.

faite moyennant la somme de seize cents francs, payable cinq cents francs comptant que les vendeurs reconnaissent avoir reçu et les onze cents francs restants en trois payemens égaux à la mise en vente de l'ouvrage et deux & trois mois

art 5.
Cependant après.
après ce nombre M. Renduel aura le droit à un nouveau tirage à son choix quant au nombre,

art 4. L'ouvrage sera tiré à Quinze Cents exemplaires en deux éditions différentes; les auteurs ne pourront disposer

moyennant un franc 50 % l'exemplaire payable moitié comptant et moitié trois mois après.

des éditions suivantes qu'après l'entier épuisement de ces quinze cents exemplaires. # fait triple, à Paris le vingt deux Juillet 1836.

approuvé l'écriture ci-dessus
Theophile Gautier

approuvé l'écriture ci-dessus
Gerard La Brunie

Renduel

FIN DU TRAITÉ CONCLU ENTRE THÉOPHILE GAUTIER, GÉRARD DE NERVAL ET RENDUEL
pour la publication des *Confessions galantes de deux gentilshommes périgourdins*.
(L'addition en marge est de la main de Renduel.)

Mon cher monsieur Renduel,

Je vous envoie cette lettre directement, parce que j'ai là sur mes livres votre adresse exacte. Du reste, il paraît que j'ai oublié les adresses de tous mes amis, car j'ai écrit des lettres, et aucune ne paraît être parvenue. J'avais laissé à Duseigneur des inscriptions de rente, parce qu'il est le seul de nous autres qui ait un secrétaire fermant bien et ne redoute pas la saisie et qu'il est soigneux. Je l'ai prié d'Aix et de Nice de les vendre et de m'envoyer l'argent à Naples : je ne me rappelais plus son numéro dans la rue de l'Odéon. De sorte qu'à Naples je n'ai rien reçu. J'ai vécu en lazzarone pendant dix jours. S'il ne les a pas vendues pourtant, c'est très heureux, car ces rentes ont haussé depuis : s'il les a vendues et a reçu l'argent trop tard pour me l'envoyer, priez-le donc, si vous le voyez, de ne pas me l'adresser à Agen, comme je lui ai écrit il y a deux jours, mais de me le garder : j'en ai reçu d'autre part. Veuillez envoyer cette lettre à lui d'abord, si vous savez son numéro : c'est depuis 20 jusqu'à 30, je crois, rue de l'Odéon. Pardonnez-moi votre peine et mon griffonnage, — et adieu.

GÉRARD LABRUNIE.

Si vous voyez Pétrus et Théophile, dites-leur qu'on les lit dans tous les cabinets de lecture d'Italie.

Théophile Gautier, l'heureux Théophile à ce point répandu en Italie, avait servi tout naturellement de trait d'union entre son ami Gérard et Renduel, car lorsqu'il avait noué lui-même des relations avec Renduel il n'était guère âgé que de vingt ans et venait de troquer le pinceau contre la plume. Il avait déjà jeté sur le pavé de Paris deux petits volumes : un recueil de *Poésies*, dont son père avait payé l'impression et qui avait paru chez Rignoux le jour même où éclatait la révolution de 1830, puis une « légende théologique » : *Albertus ou l'Ame et le Péché*, que Paulin avait publiée en 1832 avec une eau-forte de Célestin Nanteuil. Ce second volume, où se trouvait refondu le premier, resté tout entier pour compte à l'auteur, avait fait assez de bruit pour bien poser dans le Cénacle le nouveau disciple auquel resta attaché le surnom d'Albertus. « Ceci se passait vers 1833, écrit Gautier sur lui-même. Chez Victor Hugo, je fis la connaissance d'Eugène Renduel, le libraire à la mode, l'éditeur au cabriolet d'ébène et d'acier. Il me demanda de lui faire quelque chose, parce que, disait-il, il me trouvait « drôle ». Je lui fis *les Jeune-France*, espèce de Précieuses ridicules du romantisme, puis *Mademoiselle de Maupin*, dont la préface souleva les journalistes, que j'y traitais fort mal. Nous regardions, en ce temps-là, les critiques comme des cuistres, des monstres, des eunuques et des champignons. Ayant vécu depuis avec eux, j'ai reconnu qu'ils n'étaient pas si noirs qu'ils en avaient l'air, étaient assez bons diables et même ne manquaient pas de talent. »

Mon cher Lovelace,

Voici une stalle d'orchestre. — Je prétends que vous m'en ayez la plus grande reconnaissance; je n'ai pas de billets, pour ainsi dire, et je mets dehors pour vous un de mes plus intimes amis et une dame qui m'arracherait probablement les yeux si elle se doutait que j'ai la place que je lui refuse, et que je la donne à un autre. Vous devez cela à la belle conduite que vous avez tenue hier en m'envoyant de l'argent avec aisance et facilité. Je vous jure que sans cela j'aurais été furieux aujourd'hui contre vous et que je me serais plutôt empalé moi-même que de vous octroyer un billet, fût-ce été un billet de soixantième galerie.

A ce soir, je vous aime de tout mon cœur,

Théophile Gautier.

Ce 28 décembre 1833 (1).

Place Royale, ce lundi.

Je viens de découvrir chez un marchand de bric-à-brac un délicieux tableau de Boucher, de la plus

(1) Il s'agit, dans cette lettre, de la première représentation du drame d'Alexandre Dumas, *Angèle*, joué à la Porte-Saint-Martin le 28 décembre 1833.

THÉOPHILE GAUTIER
Caricature de Benjamin Roubaud (1838).

belle conservation ; c'est une occasion que je ne veux manquer, et n'ayant pas assez d'argent, je prends sur moi de vous demander mon reste (1). Vous me feriez sincèrement plaisir de me le remettre. — Je suis attelé à la *Maupin* et c'est ce qui m'empêche de rôder et d'aller vous voir. Je vous salue cordialement.

Illustre,

Je veux de l'argent, n'en fût-il plus au monde ; si vous n'en avez pas, vous m'en ferez. — Je n'ai pas le sol ou le sou, comme mieux vous aimerez. — Si vous ne me payez pas, je vous prendrai votre cheval ou l'édition entière des *Francs-Taupin*. En attendant, voici mon garnisaire que je vous envoie. — Vous aurez le plaisir de voir sa benoîte figure soir et matin, jusqu'à ce que j'aie mon beurre ; voici le jour de l'an, et je n'ai sacredieu pas de quoi acheter des bonbons et des poupées à mes petits bâtards. — Je vous avertis que je ne ferai rien tant que je serai à sec. Pas d'argent, pas d'idée. — Le meilleur Parnasse pour moi est un petit tas d'écus, un gros ferait encore mieux sans doute.

Je vous déteste cordialement.

Votre très mécontent créancier,

Théophile Gautier.

Passy-lez-Paris, 2 avril 1835.

Mon très cher,

J'irai samedi chez vous avec un gros carton sous le bras, et il faudra que vous ayez cette extrême

(1) Le restant de ses droits d'auteur pour *les Jeune-France*, à ce que spécifie M. de Spoelberch de Lovenjoul dans sa minutieuse *Histoire des Œuvres de Théophile Gautier* (2 vol. in-8, chez Charpentier, 1887).

obligeance de me demander ce que c'est ; sans quoi je n'oserais jamais vous le dire. C'est un très énorme et très magnifique volume de vers dont je suis coupable et que je voudrais bien voir paraître sur votre célèbre catalogue. Je vous écris cela quoique je vous aie vu hier, mais comme je suis bien élevé, il y a certaines turpitudes que ma bouche se refuse à prononcer (ma plume est moins prude), et lorsque quelqu'un me parle comme à un honnête homme, il m'est douloureux de le tirer de son erreur et de lui faire voir qu'il ne parle qu'à un poète. Il me semble que ce volume, paraissant simultanément avec la *Maupin*, ne pourrait produire qu'un excellent effet. J'aurais mauvaise grâce à vous dire que mes vers sont très beaux, mais réellement ils ne sont point mal et ce sera probablement depuis *les Feuilles d'Automne*, le meilleur recueil qu'on ait publié, si toutefois vous le publiez.

Adieu, santé et argent.

Théophile, poète.

Jeudi, 2 avril.

P.-S. — N'allez pas prendre cela pour un poisson d'avril ; c'est très sérieux, hélas ! sérieux comme la mort, sérieux comme la vie !

Les deux livres publiés par Gautier chez Renduel parurent à deux ans de distance : *les Jeune-France, romans goguenards*, en 1833, et *Mademoiselle de Maupin, double amour*, en 1835. J'ai sous les yeux le traité par lequel l'auteur vendait ce roman destiné à faire tant de bruit moyennant quinze cents francs, payables deux cents francs par mois à partir de la mise en vente, ou bien en billets de Renduel dans les mêmes proportions, au choix de Gautier. Cet acte est du 10 septembre 1833, et l'auteur s'engageait à livrer son manuscrit complet avant la fin de février; enfin l'ouvrage devait être tiré à 1500 exemplaires, mais l'éditeur avait la faculté de diviser le tirage en deux séries. Ce ne sont pas là des conditions telles qu'un libraire en fait pour un livre dont il attend succès et profit : il est vrai que Renduel achetait à découvert et ne connaissait rien que la donnée principale du roman qu'il acceptait de publier. Autant de lettres de Gautier à Renduel, autant d'improvisations du tour le plus vif, d'une verve moqueuse intarissable. Le refrain est toujours le même : de l'argent; mais il varie à l'infini sous sa plume. L'excellent Théophile n'était nullement embarrassé de crier misère, et il le faisait avec une telle faconde, avec un tel entrain qu'on se prend à rire avec lui. Tant de belle humeur repose un peu des froides demandes de Victor Hugo accumulant recettes sur recettes, des requêtes désespérées de Nodier implo-

LA ESMERALDA, PHŒBUS ET CLAUDE FROLLO
d'après le dessin de Raffet pour *Notre-Dame de Paris
illustrée*. (Renduel, 1836.)

rant quelque avance de fonds qu'il perdra le soir même et des appels réitérés de Soulié criant : « J'en ai BESOIN, BESOIN! »

23 mai 1833.

Célèbre libraire de l'Europe littéraire pour la France (1), M. Hugo désirerait vous voir vous-même en personne naturelle et non représenté par ambassadeur, pour conférer avec vous de l'insertion de l'article sur *Han d'Islande*, que je lui ai remis dernièrement, et comme j'ai eu la paresse de voiturer ma charogne de votre côté, je vous fais tenir cette épitre scellée de mon simple sceau de cire rouge et vous souhaite cordialement le bonsoir.

Place Royale, 22 octobre 1833.

Mon très cher,

J'ai été vous voir hier pour vous demander de l'argent, car je crois que vous m'en devez encore un peu, si cela vous est égal; et la chose m'a paru si indécente à dire que je ne l'ai pas dite, sentant que cela est tout à fait de mauvais goût, et qu'il vaudrait autant faire l'éloge du roi citoyen. Mais le fait est qu'il y a marée basse dans mes poches et vous m'obligeriez de m'allonger quelque menue monnaie.

Votre très dévoué noircisseur de blanc qui ne fait guère son métier,

TH. GAUTIER.

Je pense que le gaillard qui vous porte ma lettre n'est pas un voleur : si vous avez le reste de l'argent,

---

(1) Allusion plaisante au titre officiel que la Société de *l'Europe littéraire* avait décerné à Renduel, chez qui se publiait ce luxueux recueil.

vous pourriez le lui donner ; il est à peu près certain qu'il me le rapportera ; il répond au nom de Samuel et il est infiniment sérieux (1).

11 janvier 1836.

Mon illustre éditeur,

Souvenez-vous de me donner aussitôt que vous me verrez (ce sera demain, à ne pas le cacher), 200 misérables francs dont j'ai l'incongruité d'avoir on ne peut plus besoin. J'avais été aujourd'hui à votre palais (maison est trop commun), dans la vénérable intention de vous les demander de vive voix, mais il ne s'est pas présenté de transition heureuse et j'aimerais mieux être coupé en quatre — une fois en long et une fois en travers — que de dire quelque chose qui ne serait pas bien amené. — J'espère que vous prendrez cette délicatesse en considération et que vous m'épargnerez d'avoir l'air d'un mendiant tendant son écuelle pour avoir de la soupe à une distribution philanthropique. — Je vous écrirai tous les mois des lettres pareilles à celle-ci, jusqu'au jugement dernier, et même un peu après. Et quand vous passerez la porte du paradis, le divin portier vous criera : « Trois sols, une lettre pour M. Renduel ». Peut-être même sera-ce plus, car je ne sais si le ciel est département ou banlieue. — Il y a cependant un moyen d'éviter tout cela, c'est d'aller en enfer, et vous êtes bien capable d'y aller ou de me donner des multitudes de billets de banque : ce que vous ne ferez assurément pas.

(1) Allusion au titre d'un volume qui venait de paraître à la librairie Renduel : *Samuel, roman sérieux*, par Paul de Musset, auteur de *la Table de nuit* (1833).

Adieu, juif, arabe, bedoin *(sic)*, Lacenaire, parricide, libraire...

Théophile Gautier.

21 juin 1836.

M. Eugène Renduel est très instamment prié de tenir quelque argent prêt au malheureux Théophile Gautier, qui a laissé hier tomber le sien dans la rivière ainsi que le plus neuf de ses trois vieux chapeaux. — Ce sinistre a complètement épuisé ses moyens d'existence. — Gérard est aussi dans la plus grande misère, et c'est pourquoi il voudrait vous vendre quelque chose de très drôle fort cher, parce que c'est vous. — Ce quelque chose, il le ferait conjointement avec moi. — Ce sont les Confessions galantes de deux gentilshommes périgourdins. — Cela aurait assurément beaucoup de succès. — Vous nous donnerez à chacun 600 francs, ce qui est fort raisonnable pour une idée aussi neuve et sublime. Qu'en dites-vous ? — Nous irons vous adorer ce soir ou demain et contempler, au fond de votre officine, les rayonnantes splendeurs de votre hure éditoriale et dominotoriale.

Que Dieu vous garde des romans historiques et de l'aînée de la petite vérole. Ne vous laissez pas mourir sans confession et surtout sans argent.

Théophile Gautier.

15 mai 1837.

Jeune Renduel, ayez la bonté de m'envoyer quelques *Maupin*, afin que je fasse commencer le tambourinage. — Il faut mener cela d'une manière triomphante. — *L'Eldorado* va commencer à paraître sous huit jours ; ainsi dormez sur l'une et l'autre oreille. Il faudrait faire congruer cette apparition et cette résurrection afin que j'occupe le monde entier toute cette quinzaine. Nous devons en faire partir une centaine d'exemplaires, si nous ne sommes pas des cuistres véhémens ; je vais écrire au cher vicomte pour qu'il me donne un coup de sa franche épaule.

Tout à vous.

A rapprocher du *cher vicomte* de Gautier cette phrase d'une lettre de Tony Johannot à Renduel : « Voici venir, mon bon ami, le premier dessin. J'espère que vous pourrez encore le faire voir au *noble vicomte*. Vous aurez le second dans deux ou trois jours. » Cette expression ironique, employée à la fois par le poète et par le peintre, est significative : ils s'inclinaient devant le maître, les fidèles du Cénacle, et lui prodiguaient les marques de respect, mais ils se riaient de lui, le dos tourné, comme ils raillaient de bon cœur ses prétentions à la noblesse et sa vanité.

CHAPITRE XI

ROSA DE SAINT-SURIN. — JULIETTE BÉCARD. EUGÈNE CHAPUS.

Les femmes auteurs !... Les femmes auteurs, poètes ou romanciers, les basbleus enfin, gent vaniteuse et redoutable, sans talent parfois mais non sans grande affectation de style et de langage, ont pullulé en France de tout temps, mais surtout à cette époque d'ébullition littéraire. Et combien d'entre elles avaient assiégé Renduel de leurs sollicitations réitérées : la duchesse d'Abrantès et sa fille Joséphine, Constance Aubert, Louise Brayer de Saint-Léon, appuyée par le brave Pougens, Marie de l'Épinay, Mme Albert de Terrasse, Mlle de Castillon, Mme C. de Rothenbourg, Ida Saint-Elme, *la Contemporaine*, dont les *Souvenirs* furent rédigés en fait par Lesourd, Malitourne, Amédée Pichot, Charles Nodier, etc.; Victorine Collin, Sophie Pannier, Louise Meignand, auteur de *la Fille-mère,* avec préface par l'auteur de *l'Ane mort,* Eugénie Signoret, Gabrielle Soumet, Fanny Tercy, Virginie de Sénancourt, Eugénie Foa, Georgette Ducrest, Mme Desbordes-Valmore, Élisa Mercœur, une ou deux femmes de mérite, enfin, après tant de talents avortés et de noms justement oubliés! Au premier rang de ce groupe moins riche en grâces qu'en prétentions, deux romancières de race, deux femmes auteurs modèles et, comme telles, séparées de leurs maris, coquettes enragées et correspondantes infatigables : Rosa de Saint-Surin et Juliette Bécard.

La première s'appelait de ses vrais noms Marie-Caroline-Rosalie Richard de Cendrecourt, mais elle était devenue dame de Saint-Surin par son mariage hâtif avec un bibliothécaire que ses fonctions retenaient en province et qui la laissait vivre à Paris ; d'ailleurs médiocrement jolie, avec de longues dents, mais fréquentant tous les lieux de réunions littéraires et se faisant présenter partout, à commencer par la maison si hospitalière aux gens de lettres et aux artistes de Jullien de Paris, le fondateur-directeur de la *Revue encyclopédique* : elle n'avait guère plus de trente ans et jouait les grandes coquettes au naturel. Elle donnait des articles de critique littéraire au *Journal des Dames*, à l'*Écho français*, elle avait su glisser aussi chez divers éditeurs quelques nouvelles ou romans : *l'Opinion et l'Amour*, sa première production ; *le Bal des élections*, qu'elle signa de trois étoiles pour exciter la curiosité par cet anonymat mystérieux et bien dans le goût du jour ; mais sa grande ambition était de se voir éditée par Renduel. Elle poursuivait ce rêve avec obstination, mettant toutes voiles dehors et prodiguant à l'heureux libraire les grâces les plus irrésistibles de son esprit, de sa personne ; elle coquetait, minaudait, bavardait, se faisait petite-maîtresse et prenait des airs langoureux, puis se piquait, se fâchait, jouait la dépitée... et revenait toujours à l'assaut.

J'ai passé hier, monsieur, une partie de la matinée avec une personne de votre connaissance, devinez ?... Dans la musique, son nom devient le signe du ton naturel ; vous y êtes, n'est-ce pas ? Eh bien ! parlons

CHATTERTON BRULANT SES MANUSCRITS
Vignette de Tony Johannot
pour *Stello ou les Diables bleus*, par Alfred de Vigny.
(Chez Gosselin et Renduel, 1832.)

à présent de l'émulation qu'elle m'a inspirée. Son ouvrage est déjà annoncé, m'a-t-elle dit, dans plusieurs journaux, et, ceci pour vous, j'aurais pu le lire sur la couverture de *Marie Tudor*, sans mon empressement à ouvrir ce volume que M. H... a envoyé à *son excellent et bon ami S...*

J'aurais donc lu que M. B. vous avait donné *un Accès de fièvre*; le frisson que le mot seul de fièvre a causé à mon âme amollie par l'encens des fêtes, a réveillé son énergie littéraire : j'ai passé la nuit à rêver manuscrits, et me voici avec un éditeur, non comme la femme rieuse des salons, recueillant les fleurs que l'on sème sur son passage et s'acquittant par un sourire, mais comme un auteur laborieux qui renonce aux veilles des plaisirs (du moins pour quelques jours). Toutefois, pour cela, je désire, je devrais dire : il me faut faire à moi-même une loi que je suis assurée de ne pas enfreindre dès qu'il y aura de l'honneur à remplir cette convention; je m'épargnerai ainsi le chagrin de voir de nouveau usurper mon droit de préséance par quelque seconde maladie, le coléra (*sic*) peut-être. Vous me disiez dans une de vos lettres, monsieur, que votre usage était d'attendre les propositions des auteurs, et vous m'engagiez à vous faire part des miennes, lorsqu'il serait temps, pour *Maria* que vous gratifiez de l'adjectif de *belle* : on ne peut lui donner celui d'*heureuse*.

Permettez-moi de vous soumettre le plan que j'ai formé à l'égard de cette publication : j'ai déjà assez de chapitres disposés entièrement pour composer un volume in-8º et la moitié du second; d'après le conseil de mes amis (*des Quatre-Nations*, qui, en chevaliers français, verront les épreuves afin de m'en éviter la peine), je puis faire commencer à imprimer;

on achèverait, durant ce temps, de copier ce qui restera de l'ouvrage qui, d'ailleurs, est terminé (1). *Six cents exemplaires et 50 louis*, voilà pour la question la plus embarrassante à traiter; l'éditeur prendra pour les billets les termes qui lui conviendront.

Vous vous êtes sans doute bien amusé dimanche? Mieux qu'au bal! *Bécard* m'a dit en *bémol* qu'elle était dans une loge au rez-de-chaussée (2).

Adieu, monsieur, recevez, je vous prie, l'assurance de ma considération la plus distinguée et celle de mes sentiments.

Rosa de Saint-Surin.

P.-S. — Depuis deux jours, je suis souffrante, j'ai été obligée d'interrompre plusieurs fois cette lettre,

---

(1) Mme de Saint-Surin entendait parler ici de ses amis de l'Institut, l'Institut étant logé depuis 1806 — il y est encore aujourd'hui — dans l'ancien collège Mazarin ou des Quatre-Nations fondé en 1663, en exécution des dispositions testamentaires de Mazarin, pour recevoir spécialement les écoliers de l'état ecclésiastique de Pignerol, d'Alsace et pays allemands, de Flandre et de Roussillon : d'où le nom de collège des Quatre-Nations.

(2) Où donc Renduel avait-il pu aller et s'amuser le dimanche précédent, 24 novembre 1833? Sûrement — la dernière phrase de la lettre de Mme de Saint-Surin l'indique — à la représentation-concert que Berlioz, marié depuis deux mois, avait organisée à l'Opéra-Italien (salle de l'Odéon) pour restaurer la gloire de miss Smithson et qui fut un désastre pour sa femme, tandis que lui-même s'était embrouillé en dirigeant sa cantate de *Sardanapale* et n'avait pu faire exécuter sa *Symphonie fantastique*, les musiciens s'étant esquivés à minuit précis (Voy. mon *Hector Berlioz, sa vie et œuvres*, librairie de l'Art, 1888, p. 88 et suiv.). Renduel, qui n'aimait guère la musique, avait dû à sa qualité d'éditeur du Cénacle de recevoir une invitation pour ce concert : peut-être même, en raison des attaches romantiques du jeune compositeur, se faisait-il un devoir de défendre et d'applaudir Berlioz.

j'attribue ma fatigue à dimanche... Imaginez que j'ai dansé jusques à six heures du matin que l'on a déjeuné, et cela sans d'autre interruption aux contredanses que le paisible galop.

M. Alibert m'écrit hier de vous engager à lui faire l'honneur de venir déjeuner dimanche chez lui, ainsi que j'ai eu l'*extrême bonté* de lui annoncer votre visite pour un jour quelconque ; il désire que ce soit demain ; il est encore malade, je le suis aussi, mais pour aller chez son médecin il n'importe, et si ce projet entre dans vos arrangemens, je vous attendrai à midi précis chez moi.

Mardi, j'ai quelques personnes le soir ; je serais charmée que M. Berlioz ne vous réclamât pas à l'heure du thé.

Adieu.

Ce samedi 30 novembre 1833.

Toute cette dépense de bel esprit, toutes ces agaceries de la prunelle et de la plume furent en pure perte. L'insensible Renduel ne voulut pas plus des romans à venir qu'il n'avait voulu des précédents et *Maria, ou Soir et Matin*, parut quelques années après chez Belin-Mandar : quelle chute pour qui avait rêvé des luxueuses éditions de la librairie en vogue ! La sémillante dame se consola en produisant force ouvrages de tout genre, en remplissant maints journaux de sa prose, en épousant enfin un membre bien connu de l'Académie des inscriptions

Mr Berlioz présente ses
Complimens à Mr Renduel,
et le prie de vouloir
bien disposer des deux places
ci jointes, pour son
Concert de dimanche
prochain.

Jeudi soir.

M. d. Balzac prie Monsieur Renduel
de lui donner un exemplaire de
Mlle de Maupin au prix-libraire, et il
lui offre ses salutations.
18 9bre   D. B.

BILLETS ADRESSÉS A RENDUEL
par Berlioz (novembre 1833) et Balzac (décembre 1835).

et belles-lettres, M. de Monmerqué. Elle dut quitter alors le nom de son premier mari ; mais, en changeant son nom de femme, elle garda son nom d'auteur : Monmerqué ne daigne, elle est Saint-Surin.

Mme de Saint-Surin avait une amie, ou plutôt une rivale littéraire, Juliette Bécard, qu'elle appelait spirituellement Juliette Bémol. Femme séparée d'un officier peu sensible au beau style et qui la menait par le bâton, Mme Bécard ne déployait pas moins de grâces que son amie auprès de l'éditeur, mais elle mettait en œuvre d'autres moyens de plaire. Avec elle point de tendres simagrées, d'airs penchés ou d'yeux en coulisse : elle prend le ton d'un homme, l'allure d'un bon garçon, écrit à la diable, dit des gros mots, puis se regarde dans la glace d'un air coquettement crâne. Elle avait surtout une manie désagréable, un moyen qu'elle croyait infaillible pour décider Renduel à publier le roman qu'il avait eu la politesse d'accepter : elle l'immisçait malgré lui dans ses questions de ménage, affectait une familiarité charmante, le consultait sur ses affaires, son logement, ses domestiques, sur tout ce qui ne le regardait pas et le laissait très froid.

Les honorables Poussez, Guénaud et Compagnie sont tous de vilains menteurs, et, s'ils n'avaient ensemble qu'une seule joue, j'irais y déposer le plus éclatant soufflet. Comment, pas encore d'épreuves aujourd'hui ! C'est une horreur. Je suis furieuse, j'ai un petit air de colère et de menace qui me va parfaitement; mais je ne vous engage pas moins à dépêcher un (*sic*) de vos estafettes vers cette infime imprimerie sur laquelle je laisse tomber tout le poids de ma malédiction. J'insiste pour ces épreuves, parce que je suis presque sûre qu'elles sont perdues ou que les gamins qu'on charge de me les apporter les ont vendues pour faire des cornets. Et voilà comment on expose une honnête réputation future !

Je viens de voir le 60ᵉ logement rue Taranne, en face le n° 9. Peut-être me déciderai-je pour celui-là.

Adieu, j'oublie ma colère.

J. Bécard.

Quelques jours après, nouvelle lettre : nouvelle tempête, nouvel accès de fièvre et nouvel apaisement sous le doux regard de l'éditeur.

Dites-moi un peu, ami, si messieurs les imprimeurs se f...... de moi. Je n'ai pas eu encore les épreuves, qui sont composées depuis quatre jours. Faites-moi le plaisir de gronder vos agents de ma part, mais très sérieusement.

Si vous n'êtes pas le plus renforcé sybarite que je connaisse, je vous prierai de venir ce soir. J'ai à parler avec vous logement et ménage. Les pauvres femmes sont si sottes que, lorsqu'elles n'ont pas de mentors naturels ou lorsque, comme moi, elles les ont envoyés promener, il faut qu'elles s'en donnent de choix.

Je vais prier *Dieu* pour qu'il pleuve moins.

Toute à vous de cœur,

J. Bécard.

Ce bas-bleu cavalier en vint heureusement à ses fins et vit paraître, à la librairie Renduel, un beau jour de l'année 1834, cet *Accès de fièvre*, le premier livre qu'il ait pu faire éclore, et le dernier. Quel triomphe sur sa bonne amie de Saint-Surin ; mais quel désenchantement si elle avait pu soupçonner ce qu'un critique important pensait de son livre et disait d'elle à Renduel !

Il paraît, mon cher ami, que vous n'avez pas lu mon dernier billet. En voici la substance :

Si vous consentez à me délivrer de Mme B..., je vous offre en échange deux volumes nouveaux et vous demande un an pour les faire, c'est-à-dire jusqu'au 31 mars 1837. — Je renonce à la réimpression de mes *Portraits littéraires*. — J'espère que vous pourrez m'envoyer demain matin un mot de réponse. — Et si vous acceptez, je vous remercie et suis encore votre obligé.

T. à v.

Gustave Planche.

Mardi.

MARIE TUDOR
Frontispice à l'eau-forte de Célestin Nanteuil pour le drame de Victor Hugo. (Renduel, 1833.)

Renduel dispensa-t-il Planche de parler d'un *Accès de fièvre* ou celui-ci se libéra-t-il lui-même de cette corvée? Toujours est-il qu'aucun ouvrage du célèbre critique ne parut chez Renduel et que l'irascible Juliette put rester persuadée que son livre avait soulevé partout, dans le monde et dans la presse, une admiration sans bornes.

Entre tant d'écrivains dont nous avons suivi les rapports littéraires et financiers avec Renduel, plusieurs, Sainte-Beuve, Nodier, Pétrus Borel, Janin, Paul de Musset, se distinguent par le tour élégant qu'ils savent donner aux billets traitant des choses les plus vulgaires; d'autres, comme Latouche et Gautier, révèlent rien qu'en deux lignes leur humeur irascible ou gouailleuse; mais presque tous n'écrivent que des lettres assez courtes. Deux seulement se plaisent, dans le nombre, à rédiger de longues missives: l'un, Gérard de Nerval, parce qu'il voyage; l'autre, parce qu'il est comme en exil au fond de la province. Aussi ce dernier noircit-il du papier sans nécessité, pour le seul plaisir de défendre quelque thèse originale, et encore excuse-t-il son amusant badinage par l'ennui qu'il éprouve loin de la capitale, par le besoin qu'il ressent de se distraire un peu. Lettres neuves et plaisantes, où l'exilé s'élève contre l'admiration banale du public pour la Provence, boutades antiméridionales qu'on croirait signées d'un écrivain passé maître ès railleries ou paradoxes, d'un Gautier ou d'un Pétrus Borel, et qui sont tout simplement du fashionable et du « lion » par excellence : Eugène Chapus.

Chapus était en relations avec Renduel depuis 1831, l'année où avait paru son premier roman, *le Caprice* : il avait reçu de lui la modique somme de 300 francs, dont 100 en livres, et c'était encore générosité de l'éditeur qui pouvait, en s'en tenant à la ettre du traité, payer seulement un tiers et le surplus en volumes. En 1833, Chapus avait encore vendu à Renduel sa *Titime? histoires de l'autre monde*; puis, comme il désirait passer un hiver dans le Midi pour raffermir sa santé, il s'était fait attacher au cabinet du préfet du Gard, M. Rivet, le même qui obtint beaucoup plus tard une notoriété de quelques mois par sa proposition en faveur du gouvernement de M. Thiers. Eugène Chapus, qui avait gardé mémoire des bons procédés de l'éditeur, usa aussitôt de sa position semi-officielle pour aider Renduel à rentrer dans une créance qu'il avait sur un libraire de Nîmes, homme de solvabilité douteuse et qui fournissait précisément de livres le préfet; le jeune attaché n'eut pas de peine à faire comprendre au sieur Pourchon qu'il pourrait bien donner une publicité fâcheuse à cette affaire et lui enlever ainsi la clientèle de la préfecture. Cette menace produisit quelque effet, et Chapus, tout fier du succès, écrit à Renduel, le 23 janvier 1834, qu'il espère obtenir un gros acompte dans la huitaine; il lui expose ensuite ses démarches par le menu et lui recommande de se défier aussi bien de l'huissier que du débiteur, les deux faisant la paire. Et, de fil en aiguille:

Je me félicite d'avoir eu la pensée de vous donner de mes nouvelles, puisque cela m'a procuré l'occasion de vous être bon à quelque chose. Je souhaite que vous ne borniez pas à si peu le zèle de mon amitié. Surtout n'allez pas craindre d'être indiscret: sans connaître l'ennui, cette chose si triste qui d'ordinaire suit en croupe l'homme en voyage, le cercle de mes occupations et de mes récréations est assez restreint à Nîmes pour que je trouve beaucoup de tems à vous consacrer. Je ne demande pas mieux d'ailleurs que d'avoir une affaire chicanière à discuter : cela m'enlèvera quelquefois à cette mélancolie que vous avez si justement reconnue en moi. Oui, je suis tenté souvent de croire que j'ai le spleen, tant mes dispositions habituelles sont tristes et sombres. J'avais compté sur un séjour dans le Midi pour dissiper non seulement mon mal physique, mais aussi ce mal moral ; mon espoir n'a pas été pleinement réalisé : le corps va mieux ; l'esprit, ou l'âme comme vous voudrez, est au même point. C'est qu'aussi je n'ai éprouvé que désenchantemens sur désenchantemens, depuis que je parcours nos provinces méridionales, si renommées. Persuadez-vous bien, mon cher Renduel, qu'il y a parmi toutes les choses stupides en circulation dans le monde, une stupidité de plus à ajouter, que peu de *progressifs* connaissent et dont je viens de faire l'expérience : c'est l'engouement général qu'on affecte pour le Midi. Il est tems de faire justice de cette admiration traditionnelle. Je ne vois ici que des montagnes pelées, déboisées, où nul arbre ne croît pour protéger une pâquerette solitaire ou quelques petits brins d'herbe verte. Partout des cailloux ; des terres calcaires ; des ocres rouges ; des vignes qui poussent dans le sable et sur des roches ; des oliviers avec leur feuillage terne et leurs branchages inflexibles qui ne se balancent jamais qu'au souffle impétueux du vent du nord ; des rivières encaissées entre de hautes berges, et dont l'aspect est infécond pour ainsi dire par la rareté des émotions qu'il fait naître. Voilà, mon cher Renduel, la peinture ébauchée de l'ensemble du Midi. Que serait-ce si je l'envisageais sous son point de vue moral ! Cependant on rencontre çà et là quelques paysages, quelques accidens de terrain qui consolent le touriste de ses nombreux mécomptes. Une autre fois je vous dirai le bien qu'il y a à en dire.

Un mois plus tard, le 20 février, nouvelle lettre écrite, celle-là, sur grand papier administratif, avec l'en-tête officiel, ce qu'il n'est pas inutile de savoir pour comprendre certaine phrase ambiguë. Le sieur Pourchon, qui devait donner un acompte considérable dans les huit jours, n'avait au bout d'un mois fourni que 50 francs, mais en faisant promesse formelle de se libérer peu à peu; à en croire Eugène Chapus, ce piètre résultat était réputé tour de force dans le pays, avec un débiteur pareil. Une fois exposé le point où en est l'affaire, Chapus n'oublie pas sa promesse antérieure de dire tout le bien qu'il pense du Midi et il le fait en conscience :

... Je sais trop bien, mon cher camarade, que la poste, tout comme le baron Séguier, ne rend pas *des services*. En sorte que vous pouvez croire que si j'ai choisi ce format administratif pour vous écrire, c'est qu'il ne vous coûtera pas plus cher qu'un petit format. Le minimum du port est basé sur la feuille de grand papier à lettres. Admirable combinaison pour un exilé qui, comme moi, est obligé d'écrire et d'écrire sans cesse à ses parens, à ses connaissances, à ses maîtresses, à ceux même qu'il ne connaît pas,

VICTOR HUGO ET SES PRINCIPAUX PARTISANS

Fragment du *Grand Chemin de la postérité*, caricature de Benjamin Roubaud (1842).

afin de tuer, de stranguler le tems et de faire face à la vie ennuyeuse qu'on mène dans la bienheureuse ville de Nîmes. Croyez bien que si je n'avais cette ressource et celle de rédiger quelques notes littéraires, la position ne serait pas tenable ; j'en serais réduit à regarder des oies et des canards qui se trouvent dans une cour sous mes yeux et dont les mœurs et les occupations varient selon l'état de la température. Fait-il beau tems, ils travaillent à l'œuvre de la génération avec une ardeur récréative et digne d'envie. Vient-il à pleuvoir, oh ! c'est bien différent ! ils battent de l'aile, ils crient ; les uns se tiennent droits et immobiles, les autres se mettent en équilibre sur une patte, allongent l'autre horizontalement, comme des danseurs du Grand-Opéra. Quelquefois je suis pris de l'envie de les applaudir, tant l'illusion qu'ils me procurent est complète.

A cela près, de plaisirs et de distractions, ici, il n'y en a point. La société, nulle ; les femmes, ces femmes à la gorge dorée, ces Provençales qui, selon M. Sue, valent les filles de l'Arno, elles sont sales et hâves, et de plus elles parlent le patois — horrible patois ! — Et pourtant vous savez tout ce qu'on a dit et répété de ce patois : Langue des trouvères, langue poétique, langue d'amour ! — Stupide ! ridicule ! — Ne croyez pas à tout cela. Le patois est un composé de mots celtiques, arabes, latins, italiens, etc., et il est prononcé le plus communément avec des inflexions de voix dures et gutturales ; c'est fort déplaisant. Je vais plus loin, je nie que les méridionaux de France puissent passer pour un peuple doué d'une haute organisation poétique. A celui qui me contredira je demanderai si Corneille était Provençal ; si Racine, La Fontaine, Molière, Voltaire, Lamartine, Chateaubriand, Hugo, sont nés sous le ciel du *Tron di Diou ?*

A mon avis, ce ciel de la Provence qui n'est ni froid, ni brumeux, ni chaste, comme celui des pays septentrionaux, qui n'est ni chaud, ni bleu, ni enflammé comme celui de l'Italie, de la Grèce ou des Tropiques, auquel il manque les belles eaux de ces régions, ces cèdres du Liban, ces châtaigniers de la Sicile, ces ouragans des Antilles, ces palmiers de l'Arabie, ces longues forêts du Nord si chevelues, ces riches campagnes si fécondes, si vertes en été, si mélancoliques en hiver, lorsque la neige les a ensevelies, et ces longues soirées passées au coin du feu si favorables à la méditation, — ce ciel est une sorte de terme moyen où la sève poétique est comme la sève végétale : elle n'arrive jamais à un vaste développement. Ce qu'on rencontre ici au lieu de poésie et d'éloquence, c'est la finesse, c'est l'esprit des affaires : il y a un avocat ou un bavard en herbe dans chaque bambin.

Les journaux vous ont appris que des troubles avaient eu lieu à Lyon. L'ordre est arrivé presque aussitôt de faire marcher deux bataillons du régiment de ligne qui tient garnison ici. Cette nouvelle a répandu quelque inquiétude d'abord ; mais l'influence de ce qui se passait à Lyon n'a pas eu l'effet qu'on pouvait craindre sur les 25 000 ouvriers qui peuplent nos ateliers. La Société des Droits de l'Homme avait envoyé des émissaires pour exalter l'esprit de ces pauvres diables, afin de provoquer une simultanéité de révolte, mais ils ont complètement échoué. Nîmes n'a pas bougé et la tranquillité la plus grande n'a pas cessé de régner. Au surplus, cette ville si renommée par ses agitations, son fanatisme politique et religieux, n'a pas compté une seule collision depuis bientôt trois ans entre les partis qui divisent sa population. Nous apprenons à l'instant même que la situation de

Lyon s'améliore. Dans la soirée du 18, un rassemblement excité sur la place des Terreaux par quelques meneurs a été dispersé sans difficulté : sur quatorze individus arrêtés, deux seulement sont ouvriers ; — on s'attendait à voir reprendre le travail hier.

Maintenant que ces lignes sont écrites, il me vient un scrupule : je crains que la nuance politique qui s'y décèle ne vous choque. Vous êtes quelque peu Caracalla, je crois, mon cher Renduel.

Eugène Chapus écrivait des lettres fort récréatives, mais les rentrées de Renduel ne s'effectuaient toujours pas, et plus d'un an s'écoula sans que celui-ci reçût rien de Nîmes. Cependant, en décembre 1835, il vit arriver chez lui Chapus, non pas avec l'argent souhaité, mais avec un nouveau roman. Cette fois, il le prit au mot tout en riant ; il s'empressa d'éditer *la Carte jaune, histoire de Paris*, et pour le payer, il lui transmit son excellente créance sur ledit sieur Pourchon…, avec 500 francs bien sonnants. Auteur et libraire se quittèrent également satisfaits, celui-ci de n'avoir plus de créance et celui-là d'avoir vingt-cinq louis.

CHAPITRE XII

LE ROMANTISME EN SA PLEINE FLORAISON.

« On condamne le romantisme en principe, mais tous les esprits s'y laissent prendre cependant. Ainsi de la morale et de tout, ici-bas. » C'est le jeune Adolphe Thiers qui terminait ainsi, en 1821, une lettre adressée au président de l'Académie toulousaine de Clémence Isaure, et l'avocat de vingt-quatre ans marquait déjà par ce billet comme par sa pièce de concours dirigée contre le romantisme, cette ardeur dans la discussion, cet absolutisme dans les opinions qui se développa si vite chez lui avec l'âge et par le succès. Il n'a pas eu le prix et s'en console aisément, « n'ayant aucune confiance aux jugements des sociétés littéraires qui, souvent, n'entendent pas même les questions qu'elles proposent »; mais il s'étonne, dans un concours littéraire dirigé évidemment contre « la littérature à laquelle on a donné le nom de romantique », de voir couronner un ouvrage rempli justement du *plus mauvais goût romantique,* et il s'explique de moins en moins la sévérité qu'on a montrée à son égard. Une chose dut le surprendre bien davantage par la suite, un phénomène littéraire qu'il ne s'expliqua peut-être jamais : la brillante destinée de cette école alors réprouvée, la plus-value de ces ouvrages longtemps dédaignés, car l'écrivain et le bibliophile, en M. Thiers, durent être également surpris de s'être à ce point trompés ou plutôt, sans confesser leur erreur, d'avoir reçu un tel démenti des événements.

Comme il n'est pire ironie que celle du hasard, un an après que le jeune Thiers s'était exprimé en termes si dédaigneux, un livre paraissait qui allait renouveler la poésie française en affirmant le romantisme à la face du monde : les *Odes* de Victor Hugo. Jusqu'alors ce poète de dix-huit ans avait simplement publié avec ses deux

MARION DELORME ET DIDIER
(Ier acte de *Marion Delorme*)
Lithographie d'Alfred Johannot.

frères et quelques amis les livraisons du *Conservateur littéraire*, où il se faisait à bon droit la part du lion, à la fois critique et créateur; mais si ses articles témoignent d'un sens critique, étouffé plus tard par l'explosion de ses facultés lyriques et dramatiques, ses vers de 1819 laissaient aussi peu prévoir ceux des *Odes et Ballades* ou des *Orientales* que sa prose celle de *Notre-Dame de Paris*. En 1822, il publia ses *Odes et Poésies diverses* chez Pélicier, en même temps qu'Alfred de Vigny donnait au même éditeur, sans signer, ses poèmes d'*Héléna*, de *la Somnambule*, de *la Femme adultère*, etc. C'est donc cette année-là que s'ouvre, à la rigueur, l'ère romantique, ayant devant elle un assez bel avenir, car on la peut prolonger jusqu'à sa limite extrême, en 1843, jusqu'à la représentation des *Burgraves* et l'apparition de la *Lucrèce* de Ponsard.

M. Paul Albert, littérateur peu connu aujourd'hui, mais qui eut un moment de vogue, il y a quelque trente ans, lorsqu'il faisait à la Sorbonne un cours de littérature française à l'usage des jeunes filles, a laissé un ouvrage posthume, intitulé *les*

Origines du romantisme, où il donne cette double définition du romantisme : « D'une part, il est l'œuvre de la jeunesse ; de l'autre, il est la liberté dans l'art. » Double définition qui ne compromettra sûrement pas celui qui l'a formulée et défendue en périodes arrondies, telles qu'en devait faire un conférencier désireux d'acquérir quelque notoriété mondaine au prix de banalités élégamment dites.

Je n'aurais pas autrement parlé de cet ouvrage si je n'y avais relu, avec le développement de rhétorique obligé, certaine histoire déjà narrée au moins cent fois : « Théophile Gautier raconte qu'en 1843, lorsqu'on se prépara à donner *les Burgraves*, il fut question de soutenir la pièce qui en avait besoin et que l'on s'adressa à Célestin Nanteuil, le célèbre graveur, pour avoir trois cents Spartiates déterminés à vaincre ou à mourir. Nanteuil secoua sa longue chevelure d'un air profondément mélancolique et répondit à l'ambassadeur : « Jeune » homme, allez dire à votre maître qu'il n'y » a plus de jeunesse. Je ne puis fournir les » trois cents jeunes gens. » Célestin Nanteuil se trompait ; il y avait encore des jeunes

gens, mais ils disaient sans doute : « Que *les*
» *Burgraves* réussissent ou tombent, le ro-
» mantisme n'en a pas moins cause gagnée.
» Il a fait son œuvre, l'art est émancipé, la
» scène est ouverte à toutes les audaces.
» Il ne s'agit plus de forcer la main au public,
» de lui imposer tel ou tel auteur : il saura
» bien reconnaître les siens. »

Et les auditeurs d'applaudir.

Eh bien, M. Paul Albert se trompe et Célestin Nanteuil avait raison. A l'époque où parurent *les Burgraves*, il y avait sûrement des jeunes gens, comme il y en a à toutes les époques, mais des jeunes gens qui se souciaient fort peu du triomphe du romantisme ou de son échec définitif. Il y avait toujours une jeunesse, il n'y avait plus la jeunesse romantique, autrement dit la phalange de peintres, de graveurs et d'écrivains groupés dès l'origine autour d'un esprit supérieur : les partisans d'autrefois, ceux qui avaient combattu pour *Hernani*, pour *le Roi s'amuse*, avaient pris de l'âge et tiré chacun de leur côté sans être remplacés par de jeunes recrues qui les valussent, même en nombre. Et voilà pourquoi Nanteuil, demeuré fidèle au drapeau romantique et toujours prêt à donner de sa personne, aurait vainement battu le rappel pour rassembler autant de chauds partisans que le maître lui en faisait demander. C'est ce qu'il déclarait sans ambage à Auguste Vacquerie, envoyé vers lui comme ambassadeur, et c'est ce qu'un conférencier de nos jours serait mal venu à contester.

De plus, le public n'était pas tellement gagné à la cause romantique qu'on pût l'abandonner à lui-même et ne pas douter de l'accueil qu'il ferait au nouveau drame de Victor Hugo sans être entraîné, violenté par des défenseurs convaincus et surtout menant grand tapage. Il fallait plus que jamais lui forcer la main si l'on voulait que tel ou tel auteur eût au moins les apparences d'un triomphe. La preuve en est que *les Burgraves*, qui devaient consacrer les succès progressifs du romantisme, en marquèrent le premier échec grave, contrairement à tout espoir, par ce seul fait qu'on n'avait pas pu réunir trois cents partisans pour faire du bruit comme trois mille et imposer leur opinion à tant de spectateurs plus timides et moins bruyants.

Nanteuil le pressentait et, comme dit fort bien Gautier, « il avait combattu avec un courage héroïque à toutes les grandes batailles du romantisme, mais il ne se faisait pas d'illusion sur l'issue de la lutte. D'une part il sentait l'animosité croissante, de l'autre l'enthousiasme diminuant, et la médiocrité heureuse de reprendre sa revanche sur le génie. »

En réalité, le mouvement romantique ne fut pas l'élan irrésistible de toute la jeunesse à la conquête des libertés littéraires, et c'était une illusion de Gautier que de penser que toute la jeunesse, au temps de *Hernani*, se ruait impétueuse vers l'avenir, ivre d'enthousiasme et de poésie, comptant cueillir pour elle à son tour les palmes qu'elle disputait pour son chef acclamé. Tous ne combattaient pas, parmi les jeunes gens d'alors, mais, dame! ceux qui se lançaient dans la bataille y frappaient de grands coups, y poussaient de grands cris. Le romantisme militant, le seul qu'on puisse apprécier à distance, était, par le fait, un parti de jeunes gens plus tempétueux que nombreux, une phalange d'artistes et de littérateurs groupés autour du chef qui s'imposait par

Balzac. A. Dumas. F. Soulié. Mme de Girardin.   Liszt. J. Janin. V. Hugo.

THÉ ARTISTIQUE ASSAISONNÉ DE GRANDS HOMMES
Dessin satirique de Grandville (1845).

le génie et luttant avec conviction, mais surtout avec éclat, pour conquérir des libertés qu'on ne pouvait pas sérieusement leur disputer. L'armée romantique, il faut le dire, était assez restreinte et c'est pourquoi Gautier put, la mort venant, prononcer l'oraison funèbre des anciens camarades à mesure qu'ils disparaissaient de ce monde. Ils eussent été légion, comme on le dit parfois, que Gautier n'aurait pas pu songer à leur rendre à tous ce suprême hommage ; et, d'ailleurs, il ne les aurait pas tous connus.

C'est ce qui explique aussi pourquoi la belle période du romantisme échevelé fut fut si courte : elle dura tout au plus quinze ans. A mesure que ceux qui, vers leur vingtième année, avaient été soit « Bousingots », soit « Jeune-France », ceux-ci se cantonnant dans les choses d'art et de littérature, affectant des tristesses byroniennes, prenant des dehors élégiaques et l'air maladif ; ceux-là envahissant le domaine politique et manifestant les idées les plus violentes ; à mesure que ces « Bousingots » et ces « Jeune-France » avaient avancé en âge et pris une carrière en devenant, qui magistrat ou médecin, qui fonctionnaire ou professeur, les moins nombreux de beaucoup continuant à manier le crayon, la plume ou le pinceau ; la troupe s'était éparpillée aux quatre coins de la France. Et les nouveaux champions, les tard-venus dans le romantisme s'étaient recrutés seulement parmi ceux qui, se trouvant encore au collège au temps du *Roi s'amuse*, avaient été piqués de la tarentule littéraire : on les appelait Vacquerie et Louis Bouilhet, Flaubert et Maxime du Camp, pour ne nommer que les principaux. Or, il n'y avait pas là, tout mérite à part, de quoi combler les vides faits dans les rangs romantiques par l'âge et l'éloignement.

J'ai dit que la brillante époque du romantisme avait duré seulement quinze ans : c'est presque trop dire. En étendant la période romantique, ainsi que l'a fait Asselineau, de l'apparition des premières *Odes*, en 1822, à la chute des *Burgraves*, en 1843, on prend une étendue extrême. En fait, la période absolument brillante et victorieuse du romantisme ne comprend que dix ou douze ans : de 1826, date de la publication des *Odes et Ballades*, à la représentation de *Ruy Blas*, en 1838. Qu'on vérifie, et l'on verra que presque toutes les œuvres demeurées célèbres de l'école romantique ont vu le jour dans ce court espace de temps : le théâtre et les poésies de Victor Hugo, les poèmes d'Alfred de Musset, les romans de Théophile Gautier, les drames d'Alfred de Vigny, les contes de Charles Nodier, les premiers romans de George Sand, les études critiques de Henri Heine, les nouvelles de Mérimée et les grandes pièces historiques d'Alexandre Dumas.

Ce fut alors une merveilleuse éclosion de créations littéraires destinées à vivre, et ce fut un temps exceptionnel pour la librairie française, personnifiée en un seul homme, Eugène Renduel, comme l'était l'école romatique en un seul poète, Hugo. Il y a cela de particulier dans la carrière, d'ailleurs assez courte, de Renduel, qu'il arriva juste au moment où l'école romantique affirmait sa force avec les *Odes et Ballades*, et qu'il disparut comme elle allait jeter ses derniers feux avec *Ruy Blas*. Le hasard eut sa part dans cette coïncidence, à coup sûr; mais l'intelligence et le sens littéraire de l'homme aidèrent singulièrement au succès de son entreprise. Il ne dépendait pas du hasard, après tout, que les auteurs les plus en vue, après avoir débuté chez d'autres libraires, allassent se faire éditer chez le nouveau venu ; il ne dépendait pas du hasard qu'Eugène Renduel acquît très vite une notoriété considérable et publiât tant d'ouvrages remarquables qu'il dût, par la suite, incarner à lui seul toute la librairie romantique au détriment d'éditeurs comme Urbain Canel et Pélicier, Levavasseur et Souverain, Bossange et Ladvocat, Delloye et Charpentier.

Aux yeux des descendants qui résument volontiers toute une époque en une personne ou tout un genre en un individu, Hugo représente à lui seul le romantisme créateur et Renduel, à son rang plus modeste, est demeuré le type abstrait, absolu, de l'éditeur romantique. Et cependant, de ces deux hommes rapprochés par une force invincible, unis durant dix années par tant d'intérêts communs et qui se voyaient tous les jours, le second est mort sans que le premier ait paru se rappeler qu'il avait été son ami, qu'il avait lutté côte à côte avec lui pendant dix ans. Ils s'étaient pourtant quittés bons amis; mais l'âge et l'éloignement avaient produit sur eux le même effet que sur tous les vétérans de l'armée romantique, et près de quarante années ne s'écoulent pas sans effacer bien des souvenirs entre les hommes qui se sont le plus fréquentés et le mieux connus.

Hugo pouvait oublier, mais non pas Renduel.

ARMOIRIES D'ANCIENS SEIGNEURS DE BEUVRON
D'azur à la croix pattée d'argent, l'écu timbré d'une couronne de marquis.

Sculptées dans la pierre au-dessus d'une cheminée.
(D'après un croquis de l'auteur).

TABLE DES ILLUSTRATIONS

Pages.

Portrait d'Eugène Renduel, par Auguste de Châtillon (1836).................................... TITRE

Chateau de Beuvron (Nièvre) appartenant a Renduel, dessin de Théodore Gosselin d'après un croquis de l'auteur........................... 5

Passe-port écrit, daté et signé par Renduel...... 9

Mlle C. Laurens (Mme Renduel), d'après une miniature de Chaponnier (1823).................. 17

Le Bibliophile Jacob, dessin attribué à Eugène Sue et fait pour illustrer les *Soirées de Walter Scott à Paris*, de P. L. Jacob, bibliophile (Renduel, 1829)....................................... 21

Le Roi s'amuse, vignette-frontispice de Tony Johannot pour le drame de Victor Hugo (Renduel, 1832)... 25

Lettre d'Eugène Sue a Renduel (12 novembre 1830). 29

La Esmeralda et Quasimodo, d'après un dessin coloré de Théophile Gautier, donné par lui à Renduel....................................... 37

Portrait d'Eugène Renduel, par Jean Gigoux, d'après une lithographie sur chine (1835)...... 41

Raoul de Pellevé, frontispice à l'eau-forte de Boisselat pour le roman du comte de Pastoret (Renduel, 1833)... 45

TABLE DES ILLUSTRATIONS

Pages.

Lettre de Henri Heine a Renduel (18 mars 1841). 48-49

Alfred de Musset et Honoré de Balzac, caricature à la plume, attribuée à Théophile Gautier (1835) 55

Venezia la Bella, frontispice à l'eau-forte de Célestin Nanteuil pour le roman d'Alphonse Royer (Renduel, 1833) 61

Eugène Renduel, par Jehan Duseigneur, d'après un médaillon en bronze (1832) 69

Le Roi Lear, lithographie d'après le tableau de Louis Boulanger (salon de 1836) 73

Lettre de Philarète Chasles a Renduel......... 77

L'Ermite du marais ou le rentier observateur, dessin à la sépia de Ch. Chasselat pour l'ouvrage d'Edme Paccard (2 vol. chez Laurens et Pélissier, 1819)... 85

Victor Hugo, par Louis Boulanger, frontispice pour les *Odes et Ballades* (Ode à la Colonne), édition de 1828...................................... 97

Lettre de Victor Hugo a Renduel (17 octobre 1832).. 101

Victor Hugo, d'après une lithographie de Léon Noël (1832)....................................... 105

Face et envers d'une invitation adressée a Victor Hugo par le président de la Chambre des députés 108-109

Victor Hugo avec son fils François-Victor, par Auguste de Châtillon (1836)................... 115

Titre du « Journal d'un jeune jacobite de 1819 », avec bon à tirer de Victor Hugo............. 121

TABLE DES ILLUSTRATIONS

Pages.

Mlle Juliette Drouet, d'après une lithographie de Léon Noël (1832).................................. 127

La danse macabre, du Bibliophile Jacob (Renduel, 1832) ; vignette-frontispice de Tony Johannot : Macabre faisant danser les morts au son du rebec dans le cimetière des Innocents................ 133

Fin du traité conclu entre Hugo et Renduel pour la publication des *Voix intérieures*.......... 138-139

Les Écorcheurs, titre et vignette de Tony Johannot pour le roman du vicomte d'Arlincourt 1er volume (Renduel, 1833)................... 145

Les Écorcheurs, titre et vignette de Tony Johannot pour le roman du vicomte d'Arlincourt, 2e volume (Renduel, 1833).................. 151

M. V. H. la plus forte tête romantique, caricature de Benjamin Roubaud (1836).............. 157

Les Intimes, vignette de Tony Johannot pour le roman de Michel Raymond, 1er volume (Renduel, 1831).................................. 165

Un Spectacle dans un fauteuil, d'Alfred de Musset : eau-forte de Célestin Nanteuil pour *la Coupe et les Lèvres* (Renduel, 1833)................. 173

Un Spectale dans un fauteuil, d'Alfred de Musset : eau-forte de Célestin Nanteuil pour *A quoi rêvent les Jeunes Filles* (Renduel, 1833)............. 177

Un Spectacle dans un fauteuil, d'Alfred de Musset : eau-forte de Célestin Nanteuil, pour *Namouna* (Renduel, 1833)...................... 181

Soirée d'artiste (chez Charles Nodier), gravure à l'eau-forte de Tony Johannot.................. 187

Lettre d'Alfred de Vigny, pour affaire avec Renduel (26 décembre 1835).................. 190-191

Pages.

La Procession du pape des fous, d'après l'aquarelle de Louis Boulanger pour *Notre-Dame de Paris* illustrée, t. I, ch. v (Renduel, 1836)....... 197

Les Voix intérieures : fragment de la préface, avec corrections et additions de Victor Hugo pour la première édition (Renduel, 1837)............... 201

Quasimodo enlève la Esmeralda, lithographie de Tony Johannot : « Au meurtre, au meurtre, criait la malheureuse bohémienne. »................ 205

Lettre de Frédéric Soulié a Renduel (26 avril 1832)............................. 210-211

Théophile Gautier, d'après une lithographie de Célestin Nanteuil (1837)...................... 217

Dessin de Théophile Gautier, fait à l'encre de Chine et donné par lui à Renduel.............. 223

Fin du traité conclu entre Théophile Gautier, Gérard de Nerval et Renduel pour la publication des *Confessions galantes de deux gentilshommes périgourdins*...................... 228-229

Théophile Gautier, caricature de Benjamin Roubaud (1838)........................... 233

La Esmeralda, Phœbus et Claude Frollo, d'après le dessin de Raffet pour *Notre-Dame de Paris illustrée* (Renduel, 1836)..................... 237

Chatterton brule ses manuscrits, vignette de Tony Johannot pour *Stello ou les Diables bleus*, par Alfred de Vigny (Gosselin et Renduel, 1832). 245

Billets adressés a Renduel par Berlioz (novembre 1833) et Balzac (décembre 1835)............... 249

Marie Tudor ; frontispice à l'eau-forte de Célestin Nanteuil pour le drame de Victor Hugo (Renduel, 1833)............................. 253

Pages

Victor Hugo et ses principaux partisans, fragment du *Grand Chemin de la postérité*, caricature de Benjamin Roubaud (1842).............. 259

Marion Delorme et Didier (1ᵉʳ acte de *Marion Delorme*), lithographie d'Alfred Johannot.......... 265

Thé artistique assaisonné de grands hommes, dessin satirique de Grandville (1845)............... 271

Armoiries d'anciens seigneurs de Beuvron (d'azur à la croix pattée d'argent, l écu timbré d'une couronne de marquis) sculptées dans la pierre, au-dessus d'une cheminée (d'après un croquis de l'auteur)................................... 276

FIN DE LA TABLE DES ILLUSTRATIONS

TABLE DES MATIÈRES

CHAPITRE PREMIER
Pages
Au château de Beuvron en 1871............ 1

CHAPITRE II
La carrière d'un éditeur romantique......... 12

CHAPITRE III
Impressions et souvenirs de Renduel......... 35

CHAPITRE IV
Les collections de l'ancien libraire.......... 66

CHAPITRE V
Victor Hugo............................. 93

CHAPITRE VI
Paul et Jules Lacroix. — Eugène de Monglave. Louis de Maynard. — Pétrus Borel. — Lamennais............................ 131

CHAPITRE VII
Azaïs. — Henri de Latouche. — Le vicomte d'Arlincourt. — Léon Gozlan. — Joseph d'Ortigue................................ 149

Chapitre VIII

Paul et Alfred de Musset. — Alexandre Dumas. Charles Nodier. — Viennet. — Jules Janin. 170

Chapitre IX

Sainte-Beuve. — David d'Angers. — Aloïsius Bertrand.......................... 193

Chapitre X

Gérard de Nerval. — Théophile Gautier...... 214

Chapitre XI

Rosa de Saint-Surin. — Juliette Bécard. — Eugène Chapus.......................... 242

Chapitre XII

Le Romantisme en sa pleine floraison........ 263

Table des illustrations.. 277

FIN DE LA TABLE DES MATIÈRES.

479-26. — Corbeil. Imprimerie Éd. Crété.

www.ingramcontent.com/pod-product-compliance
Lightning Source LLC
Chambersburg PA
CBHW070542160426
43199CB00014B/2336